JN007367

すぐに役立つ

入門図解

最新

不動産競売・任意売却の法律と手続き

認定司法書士
松岡 慶子 [監修]

三修社

はじめに

　土地や建物といった不動産を購入する場合、通常は売主と直接交渉するか、不動産業者から物件を紹介されて契約を結びます。しかし、それ以外に裁判所で行う競売によって購入する方法があります。

　なぜ裁判所で競売物件を購入できるのかというと、通常、債務の支払いが滞ると、債権者は裁判所へ競売を申し立てることで債務者の所有する不動産を売却し、その代金から債権を回収できる手続きが民事執行法に規定されているからです。競売がなされると、自宅は裁判所の手続きによって売却されます。

　ただ、「競売」は、不動産業者の店頭などで物件を紹介してもらって購入する場合とは手続きが異なります。競売に参加する前に、新聞紙上、不動産情報誌、インターネットによる検索などで、どのような不動産物件が競売にかけられているかを調べておく必要があります。

　もっとも、競売には債権者にとって不都合なこともあるため、実務上は、競売によらず、任意売却により、不動産を処分することがあります。売却方法は通常の不動産売買と変わりません。債務者にとっても債権者にとっても競売を利用するのがよいか、任意売却を利用するのがよいかは迷うところです。

　本書は、不動産競売と任意売却のしくみと手続きの進め方を解説した入門書です。債権者、債務者、あるいは競売や任意売却で不動産を入手しようとしている買受人のいずれの立場であっても知っておかなければいけない不動産競売や任意売却の知識やメリット、デメリットを解説しました。現地検分から、入札まで、手続きで実際に使用する書式や資料も豊富に掲載しています。

　また、本書は、令和3年5月から全面施行された民事執行法改正に対応しています。改正により、不動産競売における暴力団員の買受けを防止する制度が設けられています。

　本書を活用していただき、皆様のお役に立てれば幸いです。

監修者　認定司法書士　松岡　慶子

Contents

第5章　売却交渉と売却手続きの流れ

第6章　競売や任意売却をめぐるその他の問題

第1章

不動産競売と
任意売却の基礎知識

1 不動産競売とはどんな制度なのか

裁判所が公開する物件情報をもとに検討する

■ 不動産を安い価格で入手できる

　不動産とは、土地および土地の定着物（継続的に土地に付着された物）をいい、土地の定着物の代表例は建物です。競売とは、不動産を手に入れたい人の立場から言うと、裁判所から不動産を安く買うことができる方法のひとつです。競売は「けいばい」「きょうばい」どちらの読み方でも間違いではありませんが、今日では「けいばい」という読み方をすることの方が多いようです。不動産競売は、不動産を安い価格で手に入れたい人にとって、ぜひ利用を検討したい制度であり、そのしくみをざっと説明すると、以下のようになります。

　たとえば、AさんがB銀行に借金1,000万円の申込みをしたとします。この場合、B銀行は簡単に貸すわけにはいきません。Aさんから返済される保証がなければ、怖くて貸すことができないと考えるのが普通です。そこで、Aさんは、B銀行を安心させるため、自分が所有する2,000万円のアパートを担保に差し出しました。「自分は2,000万円のアパートを差し出すから、もし私が1,000万円を返せなくなったら、アパートを売り払って代金を回収してください」というわけです。

　これをB銀行の立場から見て、「アパートを担保にとって金を貸した」という表現をします。また、この場合のAさんを債務者、B銀行を債権者といいます。その後、Aさんが返済期日になってもB銀行にお金を返すことができないと、B銀行は、裁判所に対して競売手続の申立てをします。「Aさんに1,000万円を貸したが返してもらえません。担保にとっている2,000万円のアパートを売り払ってお金に代える手続をとってください」と依頼するわけです。その依頼に基づき、裁判

所は、法律上の手続により、裁判所内の公告はもちろん、新聞、インターネット、雑誌などを使ってアパートの情報を公開し、競落人（購入者、買受人または落札者という言い方でもかまいません）を募ります。このときのAさんのアパートを競売不動産といいます。

その際、裁判所は、Aさんのアパートの間取りなどの物件情報を記した資料を公開します。その資料を3点セットといいます。3点とは、①物件明細書、②現況調査報告書、③不動産評価書（評価書）のことをいいますが、詳しい内容は第2章で説明します。

■ 競売手続きに参加する

買受希望者は、公開されている競売不動産の情報を精査し、競売手続に参加するかどうかを決めます。競売不動産には、それぞれ売却基準価額が設定されていることに注意してください。売却基準価額とは従来の最低売却価額に相当するもので、不動産鑑定士による評価に基づいて定められた競売不動産の基準となる価額（購入の目安となる価額）のことです。よく似た言葉に「取引価額」がありますが、売却基準価額が、裁判所という国家機関が客観的に評価して定めた金額をいうのに対して、取引価格とは、客観的な評価ではなく、個別の具体的な取引で定められた金額のことです。

通常、売却基準価額は市場価格より3割程度減額されるのが一般的です。ここから競売は、市場よりも安く不動産を購入できる、と言われているのです。

話を元に戻すと、買受希望者が競売不動産を買い受けることを決めたら、「購入を希望します」という申込みを行います。この申込み行為を「入札に参加する」という言い方をします。入札に参加するこができる期間（入札期間）は、1週間以上1か月以内（東京地裁では原則8日間）になります。買受希望者は、入札期間内に入札手続として保証金を積まなければなりません。これを買受申出の保証といい、保

証金の額は、原則として売却基準価額の10分の2となっています。その他には、入札書類一式を裁判所に提出します。入札期間が満了してから約1週間後に開札日が設定されるのが通例です。

　なお、複数の入札参加者がいた場合は、一番高い値段をつけた者が買受人になることができます。この買受行為が競落です。落札という言い方でも意味は同じです。

　以上が、不動産競売制度の大まかな説明です。

■不動産競売の特徴は

　不動産競売の制度は、債権者（銀行など）や競売不動産の賃借人にとって、どのように位置付けられているのでしょうか。10ページのケースを例にして考えてみましょう。

　まず、債権者にとっての不動産競売の制度的位置付けは、前述したように、貸したお金を回収するためのひとつの方法にすぎません（これを難しく言うと、「債権回収の一手段である」となります）。

　次に、競売不動産を借りて住んでいる賃借人にとっての制度的位置付けについてですが、まず、どんなケースなのかを説明します。たとえば、Aさんが、B銀行にアパートを担保に入れた後、Cという人とアパートの一室の賃貸借契約を結んだ場合を考えてみましょう。

　この場合、担保に入れたアパートを、債務者であるAさんが他人に貸すこと自体は、原則として法律上の問題はありません。担保にとられた建物や土地を所有する者は、債権者ではなく債務者であり、債務者が自ら所有する建物や土地を他人に貸したり、自分で使用したりすることは、原則として認められているからです。

　では、このときのCさんという新たな賃借人は、法律上どのように位置付けられるのでしょうか。この場合のCさんは、平成15年（2003年）の民法改正により、アパートが競落されて代金が納付された後、遅かれ早かれ出て行かなければならなくなっています（原則として6

か月間を経過すると出て行かなければならなくなります）。

この場合のＣさんのような賃借人の中には、立退料名目などで多額の金額を要求してくる迷惑な人たち（占有屋と呼ばれています）が多かったので、早く出て行ってもらうように法改正がされたというわけです。

その他、さまざまな法改正によって、このような迷惑な人たち（占有屋）は減っていますが、それでも100％駆逐されたわけではないことに注意を要します。

■ 競売不動産にはマイナス面もある

競売不動産の買受希望者は、市場価格の最低でも２割安で手に入れることができる可能性があります。この「安さ」こそが競落不動産の最大の特徴であり、魅力なのです。

しかし、よく考えてほしいのは、なぜ安いのかということです。安く手に入れて、かつ、他に全く問題がなければ、それに越したことはないのですが、なかなかそうおいしい話にはなりません。

■ 競売手続きへの参加 ………………………………………

物件情報の精査	3点セットなどで調査
↓	
参加を検討	売却基準価額を考慮に入れる
↓	
申　込	入札に参加する
↓	
買受申出の保証	売却基準価額の10分の2の保証金を積む
↓	
競　落	一番高い値をつけた者が買受人になる

不動産競売の手続に参加する者は、自らに不利益が発生する可能性があることも含めて、すべてを自己責任で処理していくことを心得ておく必要があります。これは競売不動産のマイナス面といってよいでしょう。

　たとえば、先ほど占有屋の話をしましたが、一般の不動産売買においては、購入した建物にすでに誰かが入居していて、新たな購入者を妨害するなどということは考えにくいです。しかも、その「誰か」が暴力団関係者だとすればなおさらです。

　競売不動産には、こうした一般の不動産にはないマイナス面があることも否定できないのです。

■ 競売不動産のマイナス面 ‥‥‥‥‥‥‥‥‥‥‥‥‥‥‥‥‥‥‥‥‥

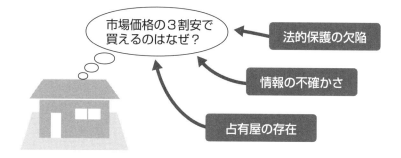

市場価格の３割安で
買えるのはなぜ？

法的保護の欠陥

情報の不確かさ

占有屋の存在

2 任意売却について知っておこう

任意売却は競売よりも高額かつスピーディに売却できる可能性が高い

■ なぜ任意売却が利用されるのか

　土地や建物などの不動産を担保に銀行から一度まとまったお金を借りる場合、通常、その金額に応じた抵当権（46ページ）を設定します。一方、必要な資金を設定した額（極度額）の範囲内で繰り返し借りたい、という場合には根抵当権（48ページ）を設定します。

　こうして土地や建物を担保にお金を借りた人が、その返済を続けられなくなった場合、お金を貸した銀行などの債権者は、担保にとった土地や建物を処分して債権を回収することになります。担保にとった土地や建物の処分というと、競売（20ページ）が思い浮かぶかもしれません。しかし、競売は後述するように手続きに時間がかかる上に回収額が低くなることが多いため、実際には、不動産を競売の手続きによらずして処分することが多いようです。

　競売の手続きによらずして不動産を処分することができれば、面倒な手続きを経ることなく不動産の売却によって得た代金を債権の回収にあてることができます。このような方法のひとつが任意売却であり、債権者にとっては非常に便利な方法であるため、実務上、任意売却はよく利用されています。

　たとえば、債務者が債権者のために、1,200万円の建物に抵当権を設定して、1,000万円を借り受けたとします。このときに、債務者が借金を返すことができなくなって、債権者が競売の申立てをしても、1,200万円の建物は、競売市場では3割以上減少した700万円程度の価額でしか売り出されません。しかも、売れるかどうかわからない上に、手続きも煩雑で時間がかかるとなると、債権者としては、すぐにでも

売り飛ばして換金したいと思うはずです。買受人にしても、面倒で時間がかかる競売の手続きを省略して、建物を手に入れることができれば願ったりです。

　そこで、買受人が債権者や債務者と直接交渉して、競売の対象となる前に不動産の売買契約を成立させて買い受けてしまおうというのが任意売却です。前述した例でいえば、買受人が1,000万円程度を支払えば、お互いに損はないだろうといえます。

■まずは任意売却を検討するのが通常

　競売によって債権の回収を図ろうとする場合、法律に従った手続きを経なければなりません。競売の申立てを行ってから落札するまでに要する期間も長く、最低でも6か月程度、長い場合には2、3年経過してしまうこともあります。また、競売の申立てを行う時に、登録免許税（登記をする際に納める税金）や予納金（競売を申し立てる時に債権者が裁判所に納める費用）などを準備しなければなりません。

　このように手間や時間、費用がかかるだけでなく、競売における不動産の売却基準価額も市場の評価額から比べると6、7割程度と低くなってしまうのが通常です。売却基準価額はその不動産につけられた評価をもとに定められた価格のことですが、実際にはこれを下回る額で売却される場合もあります。

　一方、任意売却には、競売のように複雑な手続きはありません。利害関係人同士の調整をスムーズに行うことができれば、手早く売却を行うことも可能です。売却基準価額が定められているわけでもありませんから、その不動産を欲しいと思う買受人が現れれば、適切な金額で売却される可能性も高くなります。

　こうした事情から、なるべく多くの債権を短期間で回収したい債権者としては、競売ではなく任意売却によって債権を回収できないかについて検討することになります。

■ 抵当不動産の任意売却のしくみ

　抵当権が設定された不動産を抵当不動産といいます。抵当不動産を任意売却する場合、実際には、その抵当不動産の所有者（主に債務者）が買受人との間で売買契約を結びます。

　この場合、買受人は、購入する抵当不動産に設定されている抵当権の解除を求めるのが通常です。そこで、銀行などの抵当権者は、その抵当不動産の売却によって得られた代金から抵当債権（抵当権が担保している債権のこと）を回収するのと引き換えに、抵当権を解除することを約束し、抵当権の抹消登記に協力することになります。手続きについては、抵当権者と買受人の目的を確実に達成するために、売却代金の支払いと抵当権の抹消登記の申請を同時に行います。

■ どんな場合に任意売却が行われるのか

　任意売却が行われる理由として、競売によって低い額で落札されるのを避けるためである場合や、不動産が競売にかけられる事実を公にされたくない所有者の意向による場合などがあります。

　競売にかけられた不動産が低額でしか落札されなかった場合、債権者にとってみれば、債権を回収できない可能性が高まります。一方、自宅や工場などに抵当権を設定している所有者（主に債務者）にとってみれば、大事な不動産を時価よりも低い価格で手放さなければならないだけでなく、手放した後も債務の一部が残ってしまう可能性も高くなります。また、競売がなされれば、チラシやインターネットなどに競売物件として掲載される可能性があり、近隣住民に住宅ローンなどの借金が返済できない状況を知られ、大きなストレスを抱えることになりかねません。しかし、任意売却は、通常の売却と異なりませんので、近隣住民に状況を知られる可能性は低いといえるでしょう。

　このように、債権者・債務者双方が自分にとってメリットのある方法を考えた場合に、多くは競売よりも任意売却を選ぶことになります。

■ 利害関係人との事前調整が大切になる

　任意売却は、競売に比べて素早く、時価に近い価額で売却できるというメリットがあります。ただし、任意売却を行うには不動産の所有者（主に債務者）の売却意思だけでなく、抵当権者など対象不動産に担保権を有する債権者や、対象不動産の賃借人など、利害関係人の全員から同意を得る必要があります（179ページ）。

　そのため、任意売却を行う場合には、対象不動産の状況と、対象不動産に関わっている人々の状況を事前に調査する必要があります。そして、そこから把握した情報をもとに、利害関係人が納得できる方法をとりながら、手続きを進めていくことができれば、任意売却を成功させることができる確率は高くなります。

■ 競売のデメリット ……………………………………………………………

競売費用の負担
- 登録免許税（申立時）
- 予納金
- 切手代
- 印紙代

任意売却
裁判所を介さないので、
これらの費用の負担は生じない
抵当権抹消料や仲介手数料などの
費用は売却代金から控除される
（債務者の費用負担は原則なし）

時間と労力の負担
- 申立てから
  半年近くかかる
- 物件の調査

任意売却
関係者（担保権者や賃借人など）
との利害調整と買受人探しに時間が
かかることもある
（関係者しだいで短縮可）

価額に対する不満
- 買受人が現れないときは
  3回まで申し立てられる
- 回数が増えるごとに
  値が下がる
  （7割減になることもある）

任意売却
7割減になることは少ない

③ 競売や任意売却はどのように利用したらよいのか

どちらにもメリット・デメリットがある

■ 借金・ローンの支払いが滞ったときはどうなるのか

住宅ローン、消費者金融、事業者が借り入れた資金は、いずれも借金なので、貸した側（債権者）に返済しなければなりません。借入額が多額の場合は、一括返済ではなく、「3年払い」「60回払い」のように分割して返済期日ごとに返済していくのが通常です。

順調に返済できず支払滞納が続くと、貸金業者や銀行などの債権者から督促状が送付されてきます。この場合、債権者と協議の上、債務額の再計算や任意整理といった方法で債務を整理し、返済計画を見直します。最終的に返済不可能と判断されると、自己破産や事業の廃業に至ることになりますが、破産手続きにおいて、あるいは破産手続きより前において、所有している不動産の処理を検討しなければなりません。あらかじめ担保権（主として抵当権）が設定されているときは競売が実施されますが、借りた側（債務者）としては、より高い価格で売却するために任意売却の手法を知っておく必要があります。

■ 競売・任意売却とは

借入額が多額の場合、債権者である銀行や保証会社などは、債務者の自宅や土地に抵当権（46ページ）を設定します。抵当権の設定を受けた債権者を抵当権者といいます。

住宅ローンが典型例ですが、月々の返済が滞ると、抵当権者は、債権を回収するために債務者の自宅や土地に設定された抵当権を実行します。抵当権が実行されると、自宅や土地は裁判所によって強制的に売却され、売却代金から抵当権者が優先的に債権を回収します。この

一連の手続きを競売といいます。

　債権者が抵当権を設定していないケースであっても、債務者が不動産を所有していれば、債権者は不動産に対して強制執行手続きを申し立ててくるでしょう。ただし、強制執行手続きの申立てがなされても、入札前であれば、債務者は債権者に任意売却の提案をすることができます。任意売却とは、裁判所の手続きによらないで、自宅や土地を売却することをいいます。売却方法は通常の不動産売買と変わりません。つまり、自宅を買ってくれる人（買受人）を見つけて、その買受人に自宅を売却することになります。

　ところで、債務が膨れ上がり、自宅や土地を売らなければ返済がで

■ 競売と任意売却 ………………………………………………………

競売のメリット	・手続きはすべて債権者が行うので、債務者は原則関与しない ・競売手続きは通常半年〜１年ほどはかかり、その間は自宅に住み続けることができる。場合によっては、競売手続きに２〜３年以上かかることもある。また、競売で買受人が現れなければ、ずっと住み続けられる可能性もある
競売のデメリット	・市場価格よりかなり低い金額で売却される可能性がある ・競売後の残債務については、債権者は厳格に対応することが多い（残債務を支払えなければ、破産などを考えるしかない） ・近隣の住民その他の第三者に競売を知られてしまう可能性がある ・裁判所で競売情報を閲覧した不動産業者や不動産ブローカーなどが大勢自宅にやってくる可能性がある
任意売却のメリット	・市場価格に近い金額で売却できる可能性が高い ・近所の人々には「住宅ローンが支払えなくなったから売却する」という内部事情はわからない ・売却後の残債務については、債権者に柔軟に対応してもらえることも少なくない ・売却代金から引越代を出してもらえることがある
任意売却のデメリット	・競売よりも短期間に自宅を退去しなければならないことが多い ・契約などの手続きに関与しなければならない ・先に手数料などを支払わせて、任意売却がうまくいかなくても返金しない悪質業者に引っかかることがある

きなくなった場合、債務者としては、競売を甘受するのがよいか、任意売却を提案するのがよいかは迷うところです。両者のメリット・デメリット（前ページ図参照）の他、売却後に残った債務の整理方法を踏まえ、どちらを選択すべきかを検討していくとよいでしょう。

■ 競売期間中に生活を立て直すことができる

　競売は、裁判所を通した手続きなので、厳格さが求められます。そのため、調査などに時間がかかります。また、申立費用や登記手続の費用もかかります。ただ、時間と費用がかかることは、債権者にとってのマイナス要因であり、債務者にとっては関係がないか、またはメリットといえます。競売費用は債権者が支払いますし、時間がかかればかかるほど、自宅に長く住むことができます。その間、ローンを支払うこともありません。そのため、それまでローンとして支払っていた費用を、生活の建て直しのために使うことができます。競売は落札まで1年ほどかかるので、かなりの資金を貯めることができます。

　ただ、「長く住めるから競売の方が有利」とする考え方は、自己破産を前提とした場合にのみ妥当することを忘れてはなりません。競売が長引けば、それだけ多く遅延損害金を支払わなければなりません。遅延損害金とは簡単に言えば延滞料のようなもので、住宅ローンを延滞すれば、延滞日数分の遅延損害金を支払わなければなりません。

　また、競売では、任意売却に比べて、市場価格よりもかなり低い金額で売却されるため、債務が残る場合は返済負担が大きくなるというデメリットがあります。さらに、競売期間中に買受人が現れないと、特別売却という方法で再度競売にかけられることが多いです。特別売却では、最初に買受けを申し出た人に買受けの権利が与えられるため、通常の競売手続きよりも低い金額で落札される可能性があります。

　そのため、残債務の整理方法として自己破産以外を検討している場合には、任意売却の方がより多くのメリットがあるといえるでしょう。

4 自宅を親戚に売却し、貸してもらう方法もある

親戚にもメリットがあることを示す

■ 任意売却を利用して住宅に住み続ける方法

　任意売却は、これを上手に活用することで、自宅に住み続けることができるというメリットもあります。そのための方法は、親戚や知人に住宅を購入してもらうのです。その上で、住宅の所有者となった親戚などから、その住宅を借り受けます。つまり、自宅を売り払う代わりに、新しい所有者となった親戚などに賃料を支払うことで、これまで通り住み続けることができるようになります。また、将来資金に余裕ができれば、買い戻すことも可能になります。

　親戚や知人でしたら、買受人を探す手間も省けるというメリットもあります。ただし、この方法は、親戚などに自宅を購入するだけの金銭的余裕がなければなりません。ほとんどの銀行では、親戚間や知人間による住宅の売買について、住宅ローンを認めていません。そのた

■ 任意売却で住み続ける方法 ……………………………………………

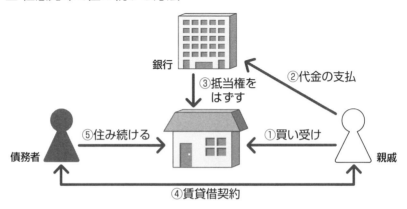

め、一括で支払うことのできるだけの金銭的余裕がある者でなければならないのです。

　もし親戚などに金銭的余裕があったとしても、わざわざ、そのような大金をはたいて、任意売却に協力してくれるだろうかという疑問が残ります。そのため、任意売却をすることに経済的なメリットがあることを、協力してくれそうな親戚などに示す必要があります。

　たとえば、親戚に2,000万円で自宅を購入してもらいます。その上で、月々10万円を家賃として支払う旨を約束すれば、親戚に年間120万円の家賃収入が入ることになります。利回りは年6％です。銀行預金に比べれば、かなりの高金利だといえます。

　なお、買受人になる親戚などが見つからない場合は、不動産業者が紹介する業者や投資家に自宅を売却し、その者との間で賃貸借契約を結ぶことで自宅に住み続けることができる「リースバック」という方法も考えられます。将来的に自宅を買い戻したい場合は、売却時に買戻しの特約を結んでおくとよいでしょう。しかし、リースバックについては、住宅ローンの残額が物件価格を超える場合は利用が難しい、売却価格が市場価格を下回る可能性がある、買戻金額が売却金額より高額になりやすい、といったデメリットもあります。

　このように、任意売却を使って自宅に住み続けるには、一定の条件をクリアする必要があり、それぞれの方法についてもメリットがある反面、デメリットもあることを知っておく必要があるでしょう。

■ 競売を利用して親戚などに買受人になってもらう

　愛着のある自宅に住み続けたいと思った場合、任意売却で親戚や知人に自宅を買ってもらい、その後、その親戚などから自宅を借り受けるという方法がありました。一般には、任意売却の方が競売をするよりも売却額が高くなるので、債権者も納得する可能性が高いといえますが、こちらが提示した売却額では納得しない債権者もいます。

そのときは、債権者が不動産競売の申立てをするのを待ち、競売が申し立てられた場合に、親戚などに入札してもらうという方法があります。つまり、親戚などに競売で落札してもらうのです。

　ただ、競売の場合は、任意売却とは異なり、必ず手に入れられるという保証はありません。競売で他の買受人が親戚などよりも高額の買受額を提示すれば、その者に自宅を取られることになります。

　また、他の買受人の提示する買受額よりも高い買受額にしなければならず、自宅の状況（築年数、立地など）によっては、任意売却よりも高額の買受金が必要となる可能性もあります。

　その一方、自宅の状況がよくなければ、任意売却よりも安く買い受けることができる可能性もあります。ただ、必ず買い受ける必要があるので、落札するために必要以上の買受額を提示しなければならないという心理的なプレッシャーがあります。

　こうしたさまざまなハードルを超え、無事親戚などに落札してもらった後は、任意売却の場合と同じように、親戚などとの間で賃貸借契約を結んで、自宅を借り受けることになります。

　なお、競売や任意売却によっても、住宅ローンなどの債務が残る場合は、その残債務について債務整理を検討する必要があります。

■ 競売で住み続ける方法

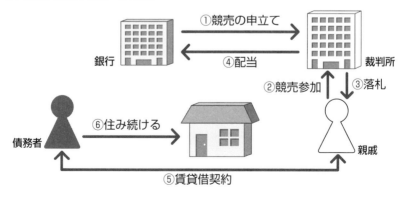

5 強制執行のしくみを知っておこう

強制執行は債権回収の最終手段である

■借金を滞納し続けると、最終的に財産を差し押さえられる

　借金の支払いが厳しく滞納を続けていると、債権者である金融機関などの申立てによって、債務者自身の財産が差し押さえられる場合があります。これを強制執行といいます。強制執行は、裁判所などの国家権力が、強制的に債務者の財産を差し押さえ、その財産を競売（強制競売）にかけて得た売却代金から、債権者が自らの債権を回収するという非常に強力な手段であるため、強制執行を正当化させる書面の提出が必要とされています。このような書面を債務名義と呼んでおり、勝訴判決、仮執行宣言が付された支払督促、執行証書、和解調書などが債務名義にあたります。したがって、借金の支払いを滞納したからといって、即座に強制執行が行われるわけではなく、債権者は、強制執行に先立ち、訴訟を提起して勝訴の確定判決を得るなどして、債務名義を取得する必要があるのです。

　債権者である金融機関などは、長期的な滞納がある場合、支払督促の申立てをしたり、少額訴訟あるいは通常訴訟を提起したりして、債務者に支払いを要求します。債務者が審理の期日に欠席した場合や、支払いをしないことを正当化する事由がない場合には、債権者の言い分が通って勝訴判決がなされ、一定期間の経過をもって判決が確定します。判決確定後も支払いをせずにいると、債権者は、確定判決を債務名義として強制執行を裁判所に申し立てます。このように、強制執行は、債権者にとって債権を回収する最終手段となるのです。

　強制執行は、差押えの対象となる財産に応じ、①不動産執行、②準不動産執行（登記または登録された船舶、航空機、自動車など）、③

動産執行（宝石、時計、裏書禁止でない有価証券など）、④債権執行（給与、預金など）の４つに分けられます。

　たとえば、消費者金融などからの借入金の滞納については、債権執行により給与や預金口座を差し押さえて、そこから得られる金銭によって債権の回収が図られるケースが多いです。他方、住宅ローンの滞納について、債権者は、住宅ローンの担保のため抵当権が設定された不動産を差し押さえ、競売にかけて得られた売却代金から債権の回収を図るのが一般的です。

　ただし、多くのケースが債務名義を要する強制競売としてではなく、抵当権などの担保権に基づき競売がなされます。これを担保権の実行といいます。担保権の実行は、強制執行とは異なり、事前に訴訟を提起して勝訴の確定判決などを得る必要がないことから、手間や時間が省け、必要な場合、即座に不動産を差し押さえることができる、という債権者側のメリットがあります。

■ 強制執行には３つの書類が必要となる

　強制執行の申立てに際しては、原則として、①債務名義、②執行文、③送達証明という３つの書類が必要です。

① 債務名義

　債務名義とは、強制執行により実現されることが予定されている債

■ 一般的な強制執行の流れ ………………………………………………

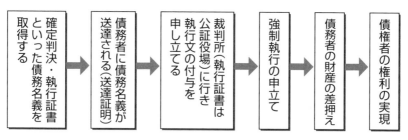

確定判決といった債務名義を取得する　→　債務者に債務名義が送達される（送達証明）　→　裁判所（執行証書は公証役場）に行き執行文の付与を申し立てる　→　強制執行の申立て　→　債務者の財産の差押え　→　債権者の権利の実現

権の存在や範囲（金額）、当事者（債権者と債務者）を公的に証明した書面のことです。わかりやすく言えば、強制執行を行ってもよいと裁判所が許可した文書ということになります。

債務名義の典型例としては確定判決が挙げられます。当事者間で債権債務という法律関係の有無やその内容につき争いがあり、訴訟手続きに従って争いに終止符が打たれ、法律関係が明確になったときに、その結果が判決書の形で残されます。それでも債務者が債務を履行しない場合、債権者は、判決書の内容に即し、裁判所などの国家権力の助力を得て債権を実現することになります。

ただし、債務名義となる判決は「被告は原告に対し金○円支払え」といったように、金銭の支払いなど一定の行為を命ずる給付判決で、かつ、確定していなければなりません。判決は、債務者が判決正本（正本の認証がある判決書の写し）を受け取った日の翌日から２週間以内に上訴（控訴または上告）をしなければ確定します。もっとも、判決主文中に「この判決は仮に執行することができる」という仮執行宣言が付されていれば、確定前であっても債務名義となり、強制執行を行うことが可能です。また、訴訟手続きの途中であっても、当事者

■ 債務名義になるもの（主なもの）

債務名義になるもの	備　考
確定判決	上訴ができない状態になり確定した判決
仮執行宣言付判決	確定していないが一応執行してよいもの
仮執行宣言付支払督促	仮執行宣言を申し立てる
執行証書	金銭支払請求権について強制執行が可能
仲裁判断＋執行決定	執行決定を求めれば執行できる
和解調書	「○○円払う」といった内容について執行可能
認諾調書	原告の請求を被告が認めたことについての調書
調停調書	「○○円払う」といった内容について執行可能

双方の話し合いにより和解が成立した場合には、裁判所書記官が作成する「和解調書」も債務名義となります。

さらに、裁判によらなくても、金銭消費貸借などの契約書を公証役場で作成した場合で、かつ、公正証書中に「債務者が債務を履行しない時は、直ちに強制執行を受けても異議のない事を承諾する」という執行受諾文言（執行認諾文言）が記載されていれば、債務名義としての効力が認められます。なお、執行受諾文言が記載された公正証書のことを執行証書といいます。この他、仮執行宣言付支払督促や調停調書、仲裁判断なども債務名義となります。

② 執行文

執行文とは、債務名義の執行力が現存することを公に証明する文書のことです。債務名義があると強制執行を申し立てることができますが、それだけで強制執行ができるわけではありません。判決が確定したり、公正証書が作成された後でも、債権債務をめぐる状況が変化していないとは限りません。債務者が死亡してしまい、子どもらが債務のことを知らずに相続をしているケースもあり得ます。また、債務者である会社が合併していれば、会社名の異なる債務名義でそのまま強制執行をすると問題が生じます。

このような問題を避けるために、債務名義のまま強制執行をする効力があることを確認する手続き（執行文の付与）が用意されています。債権者が強制執行を申し立てた時点で、債務名義に執行力があること

■ 強制執行に必要な３点セット ………………………………………

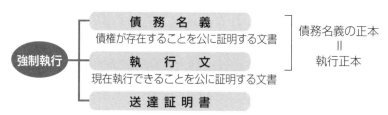

をチェックしてもらい、それを証明する文をつけてもらうのです。

執行文の種類には、ⓐ通常必要とされる「単純執行文」、ⓑ相続などで当事者が変更した場合に必要となる「承継執行文」、ⓒ債務名義に記載された債務の内容が条件付きである場合で、条件が成就したことを証明するために必要となる「条件成就執行文」の3つがあります。

執行文の付与は執行力の証明ができる資料を保有している機関が行います。確定判決や和解調書といった裁判所が関与する債務名義については、その事件の記録が存在している裁判所の書記官が行います。執行証書については、その原本を保管している公証人が行います。

なお、少額訴訟の確定判決や仮執行宣言付判決など、簡易迅速な執行を認める必要性が高い債務名義については、執行文は不要です。

③　送達証明

強制執行の手続きは、債権者の申立てに基づいて執行機関によって行われます。手続きを開始するためには、債務者に債務名義を送達しておかなければなりません。そして、送達という手続きを踏んだことを証明して、はじめて強制執行を開始できるのが原則です。この送達を証明する書類のことを送達証明といいます。送達証明が要求される理由は、債務者にどのような債務名義で強制執行の手続きが開始されるのかを知らせ、債務者に防御の機会を与える必要があるからです。

■ 差押えの対象となる主な債権 ……………………………………

種　類	第三債務者
給与債権	雇用主
預金債権	銀行
賃料債権	土地や建物などの借主
売掛金債権	取引先の会社などの買主
請負代金債権	注文者

不動産執行にはどんな特徴があるのでしょうか。

　不動産執行は、その名のとおり、不動産を対象として強制執行（競売や強制管理）を行う手続きです。対象となる不動産の範囲は、土地や建物の所有権だけに限られているわけではありません。地上権（工作物や竹木を所有するために、他人の土地を使用する権利のこと）や永小作権（小作料を支払う代わりとして、他人の土地を耕作または牧畜のために使用する権利のこと）も、不動産執行の対象に含まれています。しかし、地上権や永小作権が不動産に設定されているケースは少ないですから、とりあえずは、「通常の土地と建物が執行の対象物である」というようにイメージしておくとよいでしょう。

　不動産執行は、多くの場合、対象となる財産の価値が高いため、裁判所において手続きが慎重に進められるという点に大きな特徴があります。したがって、債権執行の手続きと比べると、多くの時間や費用を必要とする傾向にあります。不動産執行は、債務者が土地や建物を単独所有している場合だけでなく、対象の土地や建物を複数の人が所有している場合（これを共有といいます）であっても行うことができます。ただし、後者の共有の場合、強制執行の対象となるのは、債務者の共有持分の範囲内に限られます。

　たとえば、AとBでリゾートマンションを共有しているときに、Aの債権者が不動産執行を申し立てた場合には、Aの持分のみが強制執行の対象になります。また、Xが死亡し、その所有する土地を2人の相続人Y、Zが相続したときに、Yの債権者が不動産執行を申し立てたという場合には、Yの持分のみが強制執行の対象になります。

　なお、登記をしていない不動産についても、不動産執行の申立てができるという点も、合わせて覚えておくとよいでしょう。

⑥ 不動産執行はどのように行われるのか

申立ての後は、裁判所が手続きを進めていく

■不動産執行の順序について

　不動産はその財産的価値が非常に高く、しかも、利害関係人が多数存在している可能性があります。そのため、不動産を対象とする強制執行（強制競売）では、慎重を期した手続きが予定されています。

■申立てから始まる

　競売は、債権者が不動産執行の対象とする不動産の所在地を管轄する地方裁判所に対して、不動産執行の申立てをすることから始まります。この申立ては申立書を提出して行います。

　裁判所は申立書を審査して、問題がなければ、不動産執行の開始や不動産の差押えを宣言する開始決定（競売開始決定）をします。開始決定の正本は債務者に送達されるので、それによって債務者は手続きが始まったのを知ることができます。

■現状を凍結する

　開始決定がなされると、対象となっている不動産には「差押え」が行われます。不動産をめぐる法律関係が変動すると手続きが円滑に進められませんし、債務者が債権者の先手を打って不動産を売却して現金化してしまうおそれがあります。

　そこで、差押えをして不動産に関する処分を一切禁止するのです。このように現状を凍結してから競売の手続きに入っていくわけです。具体的には、裁判所から法務局（登記所）に対して、差押登記が嘱託されます。

■ 調査をする

　現状が凍結されると、不動産をめぐってどのような担保権が存在するのか、不動産自体にどれだけの価値があるか、といった競売に必要な情報を収集します。裁判所は、登記されている抵当権者や仮登記権利者などに対して、期間内に債権の届出をするように催告します。この届出によって、申立人の債権以外に、どれだけの債権が存在しているのかが判明します。さらに、裁判所は、執行官に現況調査命令を発して不動産の現況や占有状態などを調査させ、評価人に評価命令を発して不動産の評価額を鑑定させます。この結果、現況調査報告書と評価書が作成され、裁判所に提出されます。その後、不動産に関する権利などを記載する物件明細書が作成されます。

■ 競売をする

　裁判所は、評価人の評価に基づき、不動産の売却基準価額を決定します。そして、現況調査報告書、評価書、物件明細書を誰もが閲覧できる状態にします。これらを閲覧に供して競売に参加することができるのです。

　競売の方法としては、競り売り方式と入札方式がありますが、1回目の競売では定められた期間内での入札方式（期間入札）が採用されています。競落人が決定し、その者が代金を納付したら所有権移転登記の手続きをします。

■ 配当をする

　不動産の代金が納付されると配当段階に入ります。裁判所は、配当期日を指定し、申立人や届け出た債権者に対して、配当期日に配当を行うことを通知します。納付された不動産の代金ですべての債権を回収できない場合には、それぞれの債権者に対する配当額は、担保権の優先順位や債権額に応じて決定されます。

■ 不動産競売手続の流れ ‥‥‥‥‥‥‥‥‥‥‥‥‥‥‥‥‥‥‥‥‥‥‥

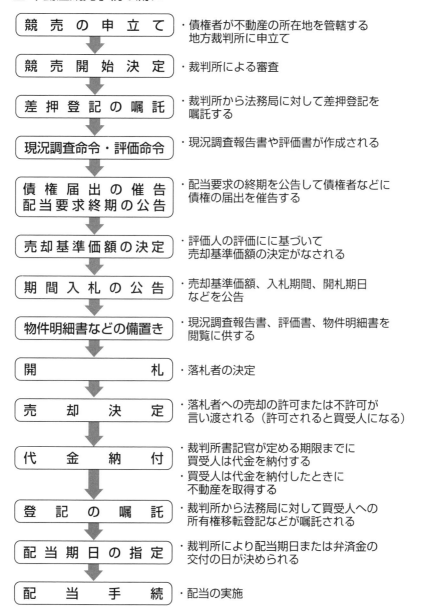

競 売 の 申 立 て	・債権者が不動産の所在地を管轄する地方裁判所に申立て
競 売 開 始 決 定	・裁判所による審査
差 押 登 記 の 嘱 託	・裁判所から法務局に対して差押登記を嘱託する
現況調査命令・評価命令	・現況調査報告書や評価書が作成される
債 権 届 出 の 催 告 配 当 要 求 終 期 の 公 告	・配当要求の終期を公告して債権者などに債権の届出を催告する
売 却 基 準 価 額 の 決 定	・評価人の評価にに基づいて売却基準価額の決定がなされる
期 間 入 札 の 公 告	・売却基準価額、入札期間、開札期日などを公告
物件明細書などの備置き	・現況調査報告書、評価書、物件明細書を閲覧に供する
開 札	・落札者の決定
売 却 決 定	・落札者への売却の許可または不許可が言い渡される（許可されると買受人になる）
代 金 納 付	・裁判所書記官が定める期限までに買受人は代金を納付する ・買受人は代金を納付したときに不動産を取得する
登 記 の 嘱 託	・裁判所から法務局に対して買受人への所有権移転登記などが嘱託される
配 当 期 日 の 指 定	・裁判所により配当期日または弁済金の交付の日が決められる
配 当 手 続	・配当の実施

7 強制執行の財産の調査について知っておこう

第三者からの情報取得制度が新設されて実効性が高くなった

■ 十分な調査が不可欠である

　債務者がどのような財産をどこに保有しているのかを事前に調査しておくことは、強制執行にあたって不可欠な要素です。融資契約や売買契約を締結する際に、債務者の財産状態を聞き取っておくことも大切です。強制執行の対象となる財産によって、調査の方法はもちろん、調査すべき力点も異なってきます。

■ 不動産の調査をする

　不動産の特徴は何といっても、登記によって世間一般に財産状態が公示されていることです。登記とは、不動産の情報を法務局にある登記簿という公簿に記録することをいいます。

　登記簿は誰でも見ることができます。登記簿を見れば、不動産の所有者や、その不動産に設定されている抵当権がわかります。このように、不動産の情報は隠すこともできませんし、不動産をめぐる他の法律関係も把握することができるので、他の強制執行の対象とは異なって、比較的調査はしやすいといえるでしょう。

■ 預金債権の調査をする

　債権は、第三債務者（債務者が有する債権の債務者のこと）が確実な資産を保有している限り、強制執行の対象としては有効なものとなります。債務者が会社員である場合の勤務先、預金者である場合の銀行・信用金庫、事業者である場合の経営状態の良好な取引先は、確実に債権を回収するための第三債務者となります。

■ 財産開示手続きとは何か

　金融機関が金銭の貸付けを行う場合には、抵当権などの担保権を設定するのが通常です。このように、最初から相手の財産がはっきりしていて、担保権を確保していればよいのですが、そうでないときは債権の回収が困難になるケースが多々あります。苦労して裁判で勝訴するなどしても、相手の財産の有無やその所在などがはっきりしていなければ意味がありません。そこで、民事執行法は債務者の財産を開示させる制度として「財産開示手続き」を設けています。

　しかし、従来の財産開示手続きは、債務者の自己申告によるもので、虚偽陳述をしても30万円以下の過料しか科せられないことから、強制力が弱く実効性に乏しい制度でした。そこで、令和元年（2019年）5月に民事執行法の一部が改正され、令和2年（2020年）4月から施行されています。具体的には、第三者から債務者の財産に関する情報を取得できる制度（第三者からの情報取得手続き）が新設された他、財産開示手続きについても、申立権者の範囲の拡大や罰則の強化がなされています。

■ 第三者からの情報取得手続きとは何か

　執行裁判所は、申立てがあった場合に、銀行や証券会社などの金融機関、登記所、市町村、日本年金機構などに対して、債務者の財産に関する情報の提供を命ずることができます。この制度により、①法務局は債務者が登記名義人となる土地や建物に関する情報、②市町村や日本年金機構などは給与債権（勤務先）に関する情報、③金融機関は債務者名義の預貯金債権・上場株式・国債などに関する情報、をそれぞれ回答する必要があります。

　第三者からの情報取得手続きを申し立てる場合は、債務者の住所地（住所地がない場合には情報提供を命ぜられる者の所在地）を管轄する地方裁判所へ申し立てることが必要で、この地方裁判所が執行裁判

所となります。そして、申立てができるのは、執行力のある債務名義の正本を有する金銭債権の債権者と、債務者の財産について一般の先取特権（法律の定めによって発生する特殊な担保権）を有することを証する文書を提出した債権者です。なお、給与債権に関する情報については、養育費や婚姻費用などに関する債権や生命・身体侵害による損害賠償請求権を有する債権者のみが申立てをすることができます。

財産開示手続きに関する改正のポイント

これまで財産開示手続きは、確定判決などを有する債権者に限定されており、同じ債務名義であっても、仮執行宣言付判決や仮執行宣言付支払督促、執行証書（期限内に返済しなければ債務者が強制執行に服することを認めるという執行受諾文言が入った公正証書）を有する債権者は除外されていました。そのため、公正証書により金銭の支払いの取り決めをした場合は、財産開示手続きを利用できないという弊害がありました。

そこで、令和元年（2019年）5月の民事執行法改正では、申立てができる者を単に「執行力のある債務名義の正本を有する金銭債権の債権者」とし、申立権者の範囲を拡大したため、仮執行宣言付判決や執行証書などの場合にも利用が可能になりました。

また、従来は、債務者の虚偽陳述や出頭拒否の場合、30万円以下の過料（過料は刑事罰ではありません）しか科せられなかったため、強制力が弱いとの指摘がありました。そこで、令和元年（2019年）5月の民事執行法改正では、虚偽陳述や出頭拒否に対する罰則を6か月以下の懲役または50万円以下の罰金という刑事罰にすることで、手続きの実効性の向上を図ることにしています。

財産開示手続きの流れ

申立先は債務者の住所地を管轄する地方裁判所で、この地方裁判所

が執行裁判所となります。

　また、過去３年以内に財産開示手続きが実施されている債務者に対しては、原則として財産開示手続きができません。ただし、この場合であっても、債務者が一部の財産を開示していなかった、債務者が新しい財産を取得した、債務者と使用者との雇用関係が終了した、といった事情があれば、例外的に財産開示手続きが実施されます。

　申立ては、申立てができる債権者であることや申立理由、証拠などを、申立書に記載して提出します。申立てを受けた裁判所は、財産開示手続開始を決定し、債務者を呼び出します。

　呼び出しを受けた債務者は、事前に財産目録を作成・提出した上で、指定された期日に裁判所に出頭します。出頭した債務者は、自分の財産について陳述し、これに対して債権者は裁判所の許可を得て質問をすることができます。なお、開示義務者である債務者が財産開示期日に出頭しなかった場合、財産開示手続きは終了します。

■ 財産開示手続きの流れ

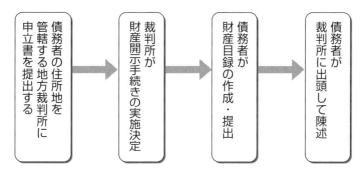

債務者の住所地を管轄する地方裁判所に申立書を提出する → 裁判所が財産開示手続きの実施決定 → 債務者が財産目録の作成・提出 → 債務者が裁判所に出頭して陳述

書式　財産開示手続申立書

財 産 開 示 手 続 申 立 書

○○地方裁判所 御中

　　令和 ○ 年 11 月 7 日

　　　申立人　島田 太郎　　　　　　　　　　㊞

　　　　　　　電　話 03–XXXX–XXXX
　　　　　　　ＦＡＸ 03–XXXX–XXXX

　　　　　　　当事者別紙目録記載のとおり(略)
　　　　　　　請求債権別紙目録記載のとおり(略)

　申立人は,債務者に対し,別紙請求債権目録記載の執行力のある債務名義の正本に記載された請求債権を有しているが,債務者がその支払をせず,下記の要件に該当するので,債務者について財産開示手続の実施を求める。

　　　　　　　　　　　　　　　記
1　民事執行法197条1項の要件
　　　　□　強制執行又は担保権の実行における配当等の手続(本件申立ての日より6月以上前に終了したものを除く。)において,金銭債権の完全な弁済を得ることができなかった(1号)。
　　　☑　知れている財産に対する強制執行を実施しても,金銭債権の完全な弁済を得られない(2号)。
2　民事執行法197条3項の要件
　　債務者が,本件申立ての日前3年以内に財産開示期日においてその財産について陳述したことを
　　　☑　知らない。
　　　□　知っている。
　　　(「知っている」にチェックした場合は,次のいずれかにチェックする。)
　　　　　□　債務者が当該財産開示期日において,一部の財産を開示しなかった(1号)。
　　　　　□　債務者が当該財産開示期日の後に新たに財産を取得した(2号)。
　　　　　　(取得した財産　　　　　　　　　　　　　　　　　　　)
　　　　　□　当該財産開示期日の後に債務者と使用者との雇用関係が終了した(3号)。

（添付書類）
- ☑ 執行力のある債務名義の正本　　　１通
- ☑ 同送達証明書　　　　　　　　　　１通
- ☑ 判決確定証明書　　　　　　　　　１通
- ☑ 資格証明書　　　　　　　　　　　１通
- ☑ 住民票　　　　　　　　　　　　　１通
- ☐　　　　　　　　通
- ☐　　　　　　　　通

（証拠書類）
1　民事執行法１９７条１項１号の主張をする場合
- ☐　配当表謄本　　　　　　　　　甲第　　号証
- ☐　弁済金交付計算書謄本　　　　甲第　　号証
- ☐　不動産競売開始決定正本　　　甲第　　号証
- ☐　債権差押命令正本　　　　　　甲第　　号証
- ☐　配当期日呼出状　　　　　　　甲第　　号証
- ☐　　　　　　　　　　　　　　　甲第　　号証
- ☐　　　　　　　　　　　　　　　甲第　　号証

2　民事執行法１９７条１項２号の主張をする場合
- ☑　財産調査結果報告書　　　　　甲第　１　号証
- ☑　不動産登記事項証明書　　　　甲第　２　号証
- ☐　　　　　　　　　　　　　　　甲第　　号証
- ☐　　　　　　　　　　　　　　　甲第　　号証

3　民事執行法１９７条３項の要件立証資料
- ☐　財産開示期日調書謄本　　　　甲第　　号証
- ☐　財産調査結果報告書　　　　　甲第　　号証
- ☐　退職証明書　　　　　　　　　甲第　　号証
- ☐　　　　　　　　　　　　　　　甲第　　号証
- ☐　　　　　　　　　　　　　　　甲第　　号証

担保権の実行について知っておこう

■ 競売の基本的なしくみと２つの意味

　ここでは、強制競売と担保権の実行の違いについて、少し説明します。たとえば、Ａさんが裁判で勝訴し、「ＢはＡに対し、金100万円支払え」との確定判決を得たとしましょう。この場合でも、ＡさんはＢさんの家に行って、無理やり100万円の札束を奪ってくることは許されません。これを法律的には「自力救済の禁止」といいます。Ａさんは勝訴した確定判決に基づき、強制執行（強制競売）の手続きを経て、やっと自己の債権を回収できるのです。

　次に、Ａさんが、Ｂさんにお金を貸す代わりに、Ｂさんの所有する不動産に抵当権を設定していたというケースで考えてみましょう。この場合でも、Ａさんは抵当権を実行する（担保権の実行）ことにより、ようやく自己の債権を回収できます。

　このように、一般に競売といっても、法律的には、前述した①強制競売、②担保権の実行という２つの意味があることをまず知っておきましょう。以下では、①強制競売と②担保権の実行は明確に区別して記述しますので、間違えないようにしてください。

■ 強制競売と担保権の実行の違いはどこにあるのか

　では、①強制競売と、②担保権の実行では具体的にどのような違いがあるのでしょうか。

　確かに、強制競売も担保権の実行も、民事執行法という法律の中で規定されています。また、金銭の支払いを目的とする限りでは、双方の制度は共通している部分はあります。

しかし、以下の点で違いがあります。まず、国家の力によって強制的に債権を実現するといっても、強制競売の場合は、債務名義という文書が前提となっています。これは、債権が実在し、債務者が履行しない場合には、それを強制的に実現してもかまわないということを公に証明したものです。

　一方、担保権の実行の前提となっているのは担保権の設定であり、ここでは当事者間での担保権設定契約が存在しているのが一般的です。もっともポピュラーなものは抵当権・根抵当権です。つまり、確定判決などの債務名義が前提とはなっていないのです。

　また、両者は手続き開始までの手間も異なります。強制競売には原則として債務名義・送達証明・執行文といった書類が必要になりますから、手続きは簡単とはいえません。これに対し、担保権の実行では担保権の存在を証明する法定文書があれば、手続きを開始することができます。担保権が登記されている登記事項証明書もこの法定文書となりますので、担保権が登記されているのであれば、登記事項証明書の提出で足りることになります。

■ 担保権の設定を受けているときには

　不動産を競売にかけて、売却代金から配当により債権を回収する方法は、強制競売（強制執行）だけではありません。もともと不動産に

■ 強制競売・担保権の実行 ……………………………………………

```
                    ┌──────────┐   ┌──────────────────────┐
                    │  強制競売   │───│ 確定判決、調停調書、和解調書、 │
        ┌───────┐   └──────────┘   │ 執行証書、支払督促など        │
        │ 債権回収 │                 └──────────────────────┘
        └───────┘   ┌──────────┐   ┌──────────────────────┐
                    │ 担保権の実行 │───│ 抵当権、根抵当権、質権、      │
                    └──────────┘   │ 譲渡担保権、仮登記担保権 など  │
                                    └──────────────────────┘
```

ついて抵当権などの担保権の設定を受けている債権者であれば、担保
権の実行としての不動産競売手続を利用することができます。

① 強制競売との違い

　強制競売は、債権者がすでに獲得している債務名義を根拠にして、
強制的に不動産を売却してしまう手続きでした。

　これに対して、担保権の実行としての不動産競売は、設定された担
保権につけられている優先弁済権が根拠となっています。

② 強制競売との類似点

　強制競売も担保権の実行としての不動産競売も、結局のところ不動
産を競売にかけて売却し、その代金を元に債権の回収を図るという点
では同じだといえます。しかも、債権者からの申立てに始まり、差押
え→競売→配当という手順も異なりません。そのため、双方とも民事
執行法で規定されていて、担保権の実行としての不動産競売の手続き
は、強制競売の手続きを準用する形をとっています。

　この2つの競売手続は、もともと別の法律に規定されていたのです
が、手続きの統一性を図るために、今では民事執行法で取り扱ってい
ます。ここでは強制競売と異なる点について説明します。

■ 担保権を実行するための要件

　担保権を実行するための要件として、以下のものが挙げられます。

① 担保権が有効に存在すること

　当然のことですが、担保権の実行としての不動産競売の申立てにあ
たっては、担保権が有効に存在していなければなりません。

　第一に、担保権は債権を担保するためにこそ存在する権利なので、
その前提として、被担保債権が存在していることが必要不可欠です。
当初から被担保債権が存在しないのに、抵当権設定契約が結ばれてい
たとしても、その抵当権は無効です。いったん被担保債権が成立して
いたとしても、その後に弁済されたりしたため、被担保債権が消滅し

た場合には、抵当権も消滅します。

　もし、被担保債権が存在していないにもかかわらず、担保権の実行が申し立てられると、債務者（不動産の所有者）から異議が申し立てられて、競売開始決定が取り消されることになります。

　また、被担保債権が有効に存在していても、抵当権自体が有効に成立していなければ、担保権の実行は許されません。たとえば、詐欺や強迫などによって締結された抵当権設定契約が取り消された場合や、公序良俗違反などを理由に抵当権設定契約が無効とされた場合は、抵当権が有効に存在していないことになります。

　そして、担保権実行の申立てをする際に、担保権の存在を証明する書類を提出します。通常は、担保権の設定に伴い登記がされているはずなので、不動産の登記事項証明書を提出します。

　もっとも、担保権の設定について登記はあくまでも第三者に対して権利を主張するための対抗要件にすぎないので、登記がなくても担保権の実行を申し立てることはできます。しかし、未登記あるいは仮登記の担保権については、より強い証明力のある書類の提出が要求されます。たとえば、確定判決（不服申立てができなくなった判決）または公正証書の提出が必要です。この点については、以前は手続的にかなり緩やかだったのですが、現在では厳格な証明が要求されています。

② **被担保債権が履行遅滞にあること**

　①の担保権が存在することの必要不可欠な前提として、被担保債権が有効に存在していることを述べました。ただ、被担保債権については、有効に存在していればよいだけではなく、債務者が履行遅滞に陥っていることが必要です。履行遅滞は、単に債務者が期限を守っていないだけではなく、それが違法であることが必要です。

　また、債務が分割払いの形式をとっている場合には、期限の利益喪失約款が問題となります。

　たとえば、令和5年5月に120万円を借りたとします。同年6月か

ら12回払いで毎月10万円を返済し、期限の利益は、返済が２か月滞った場合に喪失すると定めたとします。同年７月までは順調に返済していたものの、同年８月から返済が止まり、同年９月も返済をしませんでした。２か月間返済が滞ったため、借り手は期限の利益を喪失しました。この場合、期限の利益喪失約款により、残りの債務額100万円を一括で支払わなければなりません。

分割払いの支払形式をとっている契約では、この期限の利益喪失約款を採用しているケースが非常に多いようです。債務者に全額支払義務が生じるには、債権者による期限の利益喪失の意思表示が必要とされている場合と、意思表示は必要なく自動的に期限の利益喪失が生じる場合とがあります。期限の利益喪失により債務者が履行遅滞に陥っている場合には、そのことも申立書に記載して明確にしなければなりません。

なお、根抵当権（48ページ）は、債権者と債務者間に発生する一定の範囲に属する複数の債権を、まとめて担保する機能をもっています。この被担保債権のうちの１つが履行遅滞になったときには、他の被担保債権すべてについて履行遅滞となります。根抵当権は、かなり強い効力を有しているのです。

■ 担保権の実行要件

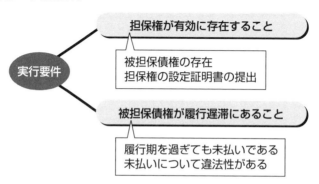

44

■ 第三取得者への抵当権実行通知は不要である

抵当権が設定されている不動産も、売買や贈与などの対象とすることができます。そして、不動産の所有権が第三者に移転した後も、抵当権を実行して不動産を競売にかけることができます。

ただ、不動産を取得した第三者（第三取得者）にも不動産の所有権を確保する機会を与えるべきとの観点から、以前は滌除という制度が用意されていました。この制度は、第三取得者が抵当権者に対して一定の金銭の提供を申し出ることによって、抵当権を消滅させることができるものでした。そして、この制度の下では、第三取得者に滌除の機会を与えるために、抵当権実行前に第三取得者に対して抵当権実行通知をすることになっていました。

しかし、第三取得者が制度を濫用することが多かったため、現在では滌除の制度が廃止されており、「抵当権消滅請求」という制度が導入されています。この制度は、第三取得者からの請求により抵当権を消滅させる点では滌除と共通しますが、この制度の下では、抵当権実行前に第三取得者への抵当権実行通知が不要とされています。したがって、担保権の実行としての不動産競売の申立てにあたって、以前は必要とされていた実行通知の証明書も不要になっています。

■ 期限の利益喪失約款例 ……………………………………………………

第○条（期限の利益喪失）　乙が次に掲げる事項の一に該当した場合には、甲は何らの催告をせず、乙において当然に期限の利益を失わせ、乙は、本契約によって甲に対して負担する一切の債務を直ちに弁済すべきこととする。

①本契約に基づく債務の支払いを1回でも怠ったとき

②他の債務につき仮差押え、仮処分、または強制執行を受けたとき

③自己の振り出した手形、小切手が不渡りとなったとき

---

9 抵当権・根抵当権について 知っておこう

返済されないときに不動産を競売にかけることができる

抵当権とは何か

　抵当権とは、貸金などの債権（被担保債権）を担保するため、主に債務者（抵当権設定者）の土地・建物（不動産）に設定される権利のことです。債務者が債務を返済しない場合、抵当権者（被担保債権の債権者）は、抵当権が設定された土地・建物を競売（担保権の実行）にかけ、その売却代金から債権の回収を図ります。

　抵当権には、抵当権設定後も抵当権設定者が目的物（土地・建物）を使用・収益することができ、そこから債務の弁済資金を得られるという利点があります。抵当権は「担保の女王」とも呼ばれ、担保としての機能が優れていることから、実務上多く利用されています。

抵当権の効力

　まず、抵当権の一番重要な効力が優先弁済権です。これは、債務者が返済しないときに、抵当権の設定された不動産を強制的に換価（競売）して、その代金から他の債権者に優先して債権の弁済を受けられるという効力です。

　さらに、抵当権の登記がなされているのであれば、抵当権の設定された不動産が第三者に売却されても、その不動産に対する抵当権の効力は第三者のもとにも及びます。

　また、抵当権には物上代位という効力も認められています。これは、抵当権の設定された不動産に代わる金銭に対しても、抵当権の効力が及ぶというものです。たとえば、抵当権の設定された建物が火災により滅失したために、火災保険金が債務者に支払われるとします。この

とき、抵当権者は、その火災保険金を差し押さえて、自己の債権への優先的な弁済に充てることができます。

抵当権の設定と物上保証

抵当権は、貸金債権などを担保するために設定されます。抵当権によって担保される債権のことを被担保債権といいます。

たとえば、AがBに5,000万円の貸金債権を持っていたとします。これについて、抵当権を設定するには、AとBが抵当権設定契約を締結して、Bの不動産に抵当権設定の登記をします。その結果、Aは5,000万円を被担保債権とする抵当権をBに対してもつことになります。

以上が、原則的な抵当権の設定手順です。その後、Bが5,000万円を弁済することによって、Aがもっていた抵当権が消滅します。

物上保証とは、債務者以外の第三者が所有する目的物に抵当権を設定することです。たとえば、AがBに対して5,000万円の貸金債権をもっている場合に、借り手（債務者）であるB所有の土地に抵当権を設定するのではなく、第三者Cが所有している土地にAの抵当権を設定することもできます。Cのように他人の債務を担保するために自己の不動産に抵当権を設定させる者を物上保証人といいます。Bが貸金債務を弁済しない場合には、AはCの土地を競売して、その売却代金から自己の債権を回収することができます。

抵当権の順位について

抵当権の順位とは、1つの不動産に複数の抵当権が設定されている場合の各抵当権に与えられる順位のことです。そして、その順位は抵当権の登記がなされた先後で決まります。

このような順位が問題となる理由は、1つの不動産に複数の抵当権が設定されている場合、競売がなされた際の売却代金が抵当権の順位に従って各抵当権者に支払われるからです。これを配当といいます。

つまり、配当の優先順位は、登記順位に従って決まるのです。

　たとえば、甲土地に第1順位の抵当権（抵当権者A、被担保債権5,000万円）、第2順位の抵当権（抵当権者B、被担保債権3,000万円）が設定されていたとします。

　このとき、甲土地の競落価格が7,000万円だとすれば、その金額は、まず第1順位の抵当権者Aに5,000万円が配当され、次に残りの2,000万円が第2順位の抵当権者Bに配当されます。しかし、Bの残り1,000万円については、無担保の債権となります。

　以上のように、抵当権者にとっては、抵当権を設定した不動産の評価額だけではなく、自分の抵当権の順位も重要となるのです。

■ 根抵当権について

　根抵当権とは、一定の範囲に属する不特定の債権について、一定の限度額（極度額）まで担保する形式の抵当権です。

　通常の抵当権とは、次のような違いがあります。通常の抵当権は、被担保債権が個別に特定されており、その債権を担保するために設定され、その債権が弁済などで消滅すれば抵当権も消滅します。

■ 抵当権とは ………………………………………………………………

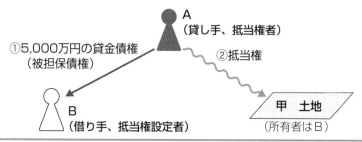

①5,000万円の貸金債権
（被担保債権）

A
（貸し手、抵当権者）

②抵当権

B
（借り手、抵当権設定者）

甲　土地
（所有者はB）

AはBと①貸金契約（金銭消費貸借契約）と②抵当権設定契約を結ぶ。Aを「抵当権者」、Bを「抵当権設定者」、5,000万円の貸金債権を「被担保債権」という。

これに対して、根抵当権では、一定の範囲に属する不特定の債権であれば、個々の債権を特定することなく複数の債権を極度額に至るまで担保することができます。さらに、通常の抵当権とは異なり、被担保債権の金額がゼロになっても根抵当権は消滅しません。つまり、根抵当権では、極度額の範囲内であれば、被担保債権の額が日々増減してもよく、たとえ被担保債権の金額がゼロになっても再び増加する限りは、極度額までの担保権として働くのです。

　このように根抵当権は、継続的な取引をしている債権者が債務者に対する債権を一括して担保するのに有益な制度だといえます。

■ 根抵当権を設定する

　根抵当権は、債務者に対する債権であれば何でも担保するのではありません。「一定の範囲」を決めて、その一定の範囲に属する債権であれば、増減したり入れ換わっても担保されます。

　たとえば、A社とB社が継続的に取引をしており、A社がB社に対して常に売掛金債権をもっているとします。そして、個々の売掛金債権が増減したり入れ換わったりするような場合には、根抵当権の被担保債権の範囲を「令和○年○月○日付継続的売買契約」というように決定し、その契約から生じる債権を被担保債権とすることを根抵当権設定登記の内容とします。

　また、根抵当権は、設定者（債務者または第三者）の不動産に一定の担保「枠」を設定するものですから、担保する限度額（極度額）も根抵当権の設定に際して決めなければなりません。

　このように根抵当権の設定に際しては、どのような債権が担保されるのか（被担保債権の範囲）、および担保される限度額（極度額）を定める必要があり、これらは根抵当権の設定登記において登記すべき事項とされています。

元本が確定すると通常の抵当権と同じ

　根抵当権は、前述したように債権者と債務者との間で生じる一定の継続的取引に属する債権を極度額に至るまで担保する権利ですが、ひとたび元本が確定すると、通常の抵当権と同様、特定した債権しか担保しなくなります。たとえば、極度額2,000万円、債権者からの貸付金が1,500万円、すでに支払った額が800万円であった場合に、元本が確定すると、700万円の元本と、それに対する利息と損害金が根抵当権により担保されることになります。その後、債権者から追加融資を受けたとしても、当該根抵当権では担保されません。つまり、元本の確定とは、確定された時点で存在する債権のみを担保し、確定後に発生した債権については担保しないことを意味します。したがって、元本確定後は、通常の抵当権とほぼ同じ扱いをすればよいことになります。

　元本の確定が生じる原因として、債権者と債務者が確定期日を定めていたときは、その期日の到来により元本が確定します。確定期日を定めていなくても、債務者は根抵当権設定から３年経過後、債権者はいつでも、元本の確定を請求できます。この他、根抵当権者が競売を申し立てたときや、債務者または設定者が破産手続開始決定を受けたときも元本が確定します。

■ 根抵当権とは ……………………………………………………

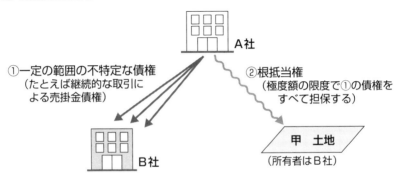

①一定の範囲の不特定な債権
（たとえば継続的な取引による売掛金債権）

A社

②根抵当権
（極度額の限度で①の債権をすべて担保する）

B社

甲　土地
（所有者はB社）

第2章

不動産競売のしくみ

① 競売物件は誰にでも買えるのか

何も知らない素人が競売不動産に手を出すのは危険

■ 競売物件は宝の山なのか

　競売不動産の特徴として、一般の不動産売買より価額が安いということが挙げられます。通常、私達の常識的な感覚からすると、「安ければその分品質が劣るのではないか」と勘繰りたくなってしまいます。

　ところが、競売不動産に限っていえば、そのようなことはありません。競売不動産というのは、債務者が借金を返せなくなった結果、売りに出されてしまったといういわくつきの物件というだけです。

　安いのは、取引の全過程をすべて自己責任で仕切っていかなければならないからです。競売手続は、一般の不動産売買と違って、誰かが手とり足とり面倒を見てくれるわけではありません。誰のせいにすることなく、すべてを自分自身の知識と判断で進めていこうという自覚を持つことによって、初めて競売手続に参加する資格を得ることができるといってよいでしょう。

■ 素人でもできるのか

　ただし、競売不動産のすべてが100％問題を抱えていない物件であると言い切れないのも事実です。なぜなら、売る側の立場の裁判所は、一般の不動産業者ほど詳細に物件を調べて出しているわけではないからです。たとえば、100件の競売不動産の中に１件だけ構造上の欠陥建物が紛れていたとして、それをあなたが運悪く落札してしまったとしましょう。この場合、一般の不動産売買であれば、欠陥を理由に売買契約の解除ができますし、場合によっては売主や不動産業者に対して損害賠償請求もできます。ところが、競売不動産の場合だと、売主

にあたる裁判所に対してこれらを行うことはできません。つまり、欠陥の補修は自費でまかなわなければならないのです。また、物件の品質に問題がなくても、競売物件そのものがもともといわくつきですから、複雑な権利関係が設定されていたりすることがあります。詳細は後述しますが、ここではひとつだけ例を挙げて説明しておきます。

たとえば、価額が安いからという理由で、「使用借権つき建物」という建物を落札して手に入れたとします。この場合、建物については完全にあなたが所有者です。ただし、土地については、地主から無償で借りる形になります。しかも、建物の価額は市場の半値以下で出されているものもあるので、予算の少ない買受希望者にとっては非常に魅力的です。

また、現地調査をして、この建物が写真で見るよりピカピカだったりすると、迷わず買受けを希望する人も多いことでしょう。

しかし、もしあなたがこの建物に長く住み続けることを希望していれば、入札を決意する前に地主に会って、土地の権利関係の具体的な交渉をする必要があります。というのは、この「使用借権つき建物」の場合、地主から「使用貸借を解除するので、建物を壊して土地から出て行ってほしい」と言われたら、使用貸借に契約期間や使用収益目的の定めがない場合、無条件に応じなければならないからです。このような権利関係が設定されている物件を手に入れようとする場合には、入札前にいろいろと学習して予備知識を吸収していかなければなりません。

■ 競売における自己責任

競売情報が少ない		競売情報が古い
	自己責任	
調査に制約が多い		競売情報が難解

これはややこしい権利関係が設定された物件の一例にすぎません。ですから、競売手続や権利関係について知識ゼロの素人が競売不動産に手を出すのはきわめて危険だといえます。

■ 誰もが競売不動産を買い受けることができる

　昔の不動産競売は「競り売り」と呼ばれるオークション形式で行われていました。競り売りとは、売却期日に買受希望者全員を集めて、落札価額を口頭で言い争わせて、一番高値をつけた買受希望者に落札させるという方法です。この方法では、売却期日に否応なく全員顔をつき合わせることになりますので、プロの業者（競売屋とも呼ばれています）が一般の参加者に威圧的態度を行使して、入札を断念させることも可能になります。

　こうした殺伐とした行為が公然と行われては、一般の参加者が逃げていくのは当然のことです。そこで、このような状況を一掃すべく、昭和54年（1979年）に民事執行法が制定され、新たに期間入札という競売方法が導入されました。期間入札とは、裁判所が定めた入札期間内に買受希望者が書類を提出して入札するという方法です。民事執行法が施行されて以来、すべての人たちが安心して入札に参加することができるようになったといえます。

■ 競売での購入は自己責任である

　競売不動産が一般の不動産売買よりも安く手に入れることができる理由は、購入するまでの調査や手続をすべて自己責任で行うからです。

　不動産業者を通して物件を購入する場合、不動産業者は、物件について詳細に記された書類（重要事項説明書）をあなたに見せた上で、説明することになっています（説明を怠ると宅建業者は業務停止処分の対象となります）。ところが、競売不動産の情報を記した「3点セット」は「重要事項説明書」ほど詳しくありません。だからといっ

て、裁判所から口頭で説明を補足してもらえるわけでもありません。

　また、現地調査に行くのも1人です。案内してくれる人はいません。勝手に中に入って調べることもできません。中に入るには、法律上の制約と裁判所による事前の承諾が必要だからです。

　さらに、周辺の情報を教えてくれる親切な人もいません（3点セットにも記載されていますが、情報が古くなっている可能性がある上に、内容も十分とはいえません）。ですから、たとえば、閑静な住宅街だと思って買い受けたものの、後日近隣にいろいろな店舗が進出してきて、いつの間にかにぎやかになっていた、という事態になっても後の祭りです。一見すれば閑静なたたずまいの住宅街でも、かつてはにぎやかな商店街だったという地域は全国にいくらでもあります。

　近年においては、小売店が壊滅した商業地域がそのまま残り、外観は閑静な住居地域と変わらないところが増えています。そのようなかつての商業地域が、現在においても政治的・社会的事情から、用途規制が変更されていない場合があるのです。用途地域については、3点セットだけでなく、物件公告にも記載されています。ただ、素人の買受希望者の中には、自分が読んで意味がわからないことを読み流してしまう人や、勝手な判断をして納得してしまう人がいます。

　たとえば、用途地域の中に第2種住居地域があります。これについて、次のような解釈をした人がいました。「この第2種というのはよくわからないが、住居と書いてあるから、居住用建物しか建てられないということだろう」。このような解釈は危険です。第2種住居地域には商業施設や工場を建てることができる場合があるからです。

　一般の不動産業者との取引であれば、担当者からそのような誤った解釈を訂正してもらえるだけでなく、正しい知識を伝授してもらうことができるはずです。しかし、これが競売手続になると、こちらから役所の都市計画課などへ問い合わせをして調べる必要が出てくることもあるので注意が必要です。

基本的には裁判所書記官が職権で行う

◼ 申立書を受理してもらう

　申立書を作成し、必要書類などを用意したら、これらをそろえて管轄裁判所の窓口に提出します。申立書が受理されて、競売開始決定がなされると、今度は差押登記の嘱託へと進みます。

　差押登記の嘱託は、競売開始決定がなされた後、直ちに（債務者への競売開始決定の送達前に）裁判所が職権で行ってくれます。正確には、裁判所書記官が、書留郵便によって、管轄の法務局（登記所）に「登記嘱託申請書」を送付して申請してくれるわけです。

　ただし、できるだけ早く手続きを進行させるために、申立人自らが直接法務局に書類を持参することが必要となる場合もあります。申立人自らが法務局に直接登記嘱託書を提出する場合、申立人は、指定された日時に裁判所に出頭して、あらかじめ強制競売開始決定の正本といっしょに登記嘱託書を受け取ります。申立人は、これらの書類を法務局に提出することになっています。

　申立人は受け取った登記嘱託書に登録免許税分の印紙を貼付しなければなりません。また、法務局から裁判所に郵送するときに必要な返信用切手も必要です。このような準備が整ったら、管轄の法務局に行き、登記嘱託書を提出します。

◼ 競売開始決定正本の送達

　差押登記の嘱託がなされ、当該不動産に差押えの登記がなされると、競売開始決定の正本が債務者に送達されることになります。送達は裁判所書記官が職権で行います。この送達は、申立書に記載されている

住所（法人の場合は本店・主たる事務所の所在地）に宛てて発送されます。そのまま債務者に送達されれば問題はないのですが、たまに所在が不明なため送達できないこともあります。

　その場合、裁判所は、申立人に対して、債務者の所在を調べるように言ってきます。そのままでは手続きは進まないので、債務者の所在を調査します。調査方法としては、債務者の関係者に問い合わせる方法や、住民票、戸籍の附票を取るという方法があります（第三者の住民票、戸籍の附票を取るには、正当な理由や使用目的が必要です）。

　十分な調査を実行したにもかかわらず、債務者の所在がつかめないときはどうすべきでしょうか。この場合でも、競売ができなくなるわけではありません。執行の対象となる不動産さえあれば、手続きを進めることはできます。方法としては、裁判所に公示送達を申し立てるという手段が用意されています。公示送達とは、裁判所内の掲示板に送達すべき内容を記載した書面が掲示されてから一定期間経過すれば、相手に送達したものとみなす制度です。

■滞納処分による差押登記がなされている場合

　債務者が税金などを滞納していたため、すでに不動産に国税徴収法に基づく滞納処分としての差押登記がなされている場合には、さらに別の申請手続が必要になるので注意を要します。

　この場合でも、競売開始決定を受けることはできます。しかし、滞納処分による手続きが進行するか、あるいは逆に滞納処分が解除されない限り、債権者の申し立てた競売手続は停止されることになっています。したがって、債権者がじっとしていたのでは、競売手続が宙ぶらりんの状態が続くことになってしまいます。

　そこで、債権者としては、裁判所に「競売続行決定」の申請をするべきでしょう。相当期間内に滞納処分による手続きが進行しない場合には、この申請により裁判所から競売続行決定がなされ、競売手続の

方を進行させることができます。なお、滞納処分が停止されたり、取り下げられたりした場合でも、それだけでは競売手続の停止状態は変わらないので、この続行決定を行った方がよいといえます。

　裁判所の方から職権で動いてくれるわけではないので、滞納処分としての差押登記を発見したら、迅速に動いて、競売続行決定の申請をするようにします。

■ 他人の申し立てた不動産強制競売に参加する

　債権を有する者は、債務者の不動産に対する強制競売を申し立てることによって、債権の回収を図ることができます。ただ、債務者が債務を弁済してくれないときには、他にも債権者がいて請求を受けている場合が、むしろ通常だといえるでしょう。

　強制執行の申立ての準備をしていたところ、先に他の債権者が強制競売の申立てを行い、競売開始決定がなされてしまったとしても、まだ、債権を回収する機会が奪われたわけではありません。複数存在するであろう債権者間の利害関係を調整するために、債権の届出や配当要求といった制度が用意されているのです。

■ 債権の届出を行う

　債権者が、債務者所有の不動産に対して、すでに抵当権の設定を受けていたり、仮差押えをしていたりした場合には、他の債権者の申立てにより競売開始決定がなされると、これらの債権者に対して、裁判所から債権の届出をするように催告されることになっています。

　申立てをした債権者よりも、その不動産に対して優先的な担保権などをもっている者がいれば、その担保されている債権の額をそれぞれ明らかにします。その上で、不動産を競売し、売却代金から優先順位に従って配当をするのです。

　具体的な手続きとしては、裁判所から「債権届出の催告書」が送ら

れてきます。そして、同封されている「債権届出書」に必要事項を記載して、裁判所にそれを返送します。債権届出書の提出期限は、配当要求の終期までであり、債権届出の催告書には、具体的な提出期限の日付が記載されています。その提出期限までに債権届出書を提出します。債権の届出をしないと、配当を受けられないことがありますので、必ず提出してください。

■ 配当要求をする

　自分以外の債権者が債務者所有の不動産に対して強制競売の申立てをした場合、大きく分けて2つの方法により債権の回収を図ることができます。

　1つは、自分も独自に強制競売の申立てをして、二重に競売開始決定を得ることです。もう1つは、他の債権者の申立てにより開始決定がなされた競売手続に参加して、配当を受けるという方法です。

① **自分でさらに強制競売を申し立てる**

　この方法は競売手続きを行えばよいわけです。次に述べる配当要求に比べて費用や事務手続きが余分にかかるのが、デメリットといえるでしょう。メリットとしては、もしすでに進行している強制競売手続の停止・取下げがあったとしても、自己の申立てによって手続きが進行していくことが挙げられます。

■ 不動産競売申立ての予納金の額（東京地方裁判所の例）…………

請求債権の額	執行費用
2,000万円未満	80万円※
2,000万円以上5,000万円未満	100万円
5,000万円以上1億円未満	150万円
1億円以上	200万円

※令和2年3月31日以前に受理された申立てについては60万円

② 配当要求という手段をとる

　債権者が申し立てた強制競売はそのまま進行するのが通常です。そこで、他の債権者の申立てによりすでに開始決定されている競売手続に参加して配当を受ける「配当要求」という手段をとることが合理的だということになります。

　配当要求をすることのできる者は、限定されています。つまり、執行力ある債務名義の正本を有する債権者、差押登記後に登記された仮差押債権者、文書により一般の先取特権（法律の定めによって発生する特殊な担保権を有する者）を有することを証明した債権者です。債権者がこれらのいずれかに該当するのであれば、配当要求により手続きに参加することができます。

　配当要求は、競売事件が係属している裁判所の担当部に対して、配当要求の終期までに行います。配当要求の終期がいつかは、裁判所の掲示板に公示されます。

■ 配当期日呼出状が送られてくる

　裁判所から売却許可決定が下されて、1週間以内に執行抗告（異議申立て）がなされずに確定し、買受人が入札手続を得て代金を納付すると、いよいよ債権者が待望していた配当になります。

　買受人による代金の納付後、その代金を元として債権者への配当を実施する日（配当期日）が決定され、裁判所から債権者へ呼出状が送られてきます。このとき、配当を受けるにあたって必要な「債権計算書」も提出するように催告されます。

　なお、ここでは大雑把な使い方をしていますが、厳密には、負債総額を完済できるかどうかで用語が異なっています。売却代金で負債総額を完済できる場合には、弁済金の交付と呼んでいます。

　一方、売却代金が負債総額に充たず、優先順位なり按分比例なりによって分配される場合には、配当と呼んでいます。もっとも、ほとん

どのケースでは、全額を完済することができないのが実情です。

■ 債権計算書の提出をする

　配当とは、最終的に確定された債権額に応じて、売却代金から支払いがなされる手続きです。当然のことですが、その前提として債権額が明確にされる必要があります。貸金の元金や売買代金などは、もともと金額がはっきりしているので問題はありません。

　しかし、時間の経過とともに増加する利息や損害金は、強制競売の過程では、まだはっきりとしていません。また、執行のための費用もかかっているはずです。そこで、配当を実施するにあたって、債権者は、配当期日を基準とした債権額を計算した書面として、債権計算書を提出することになっているのです。

　債権計算書には、事件番号、日付、債権者の住所・氏名・押印・電話番号、債権額合計、債権の発生年月日・原因、元金現在額、利息の利率・現在額、損害金の現在額、執行費用などを記載します。計算間

■ 申立て受理から差押えの登記までの流れ ·······················

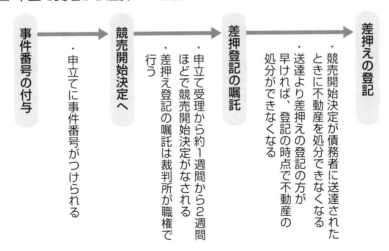

・事件番号の付与
　・申立てに事件番号がつけられる

・競売開始決定へ
　・申立て受理から約1週間から2週間ほどで競売開始決定がなされる
　・差押え登記の嘱託は裁判所が職権で行う

・差押登記の嘱託
　・申立て受理から約1週間から2週間ほどで競売開始決定がなされる
　・差押え登記の嘱託は裁判所が職権で行う

・差押えの登記
　・競売開始決定が債務者に送達されたときに不動産を処分できなくなる
　・送達より差押えの登記の方が早ければ、登記の時点で不動産の処分ができなくなる

違いのないように注意し、検算した上で記入するようにしましょう。なお、債権計算書は、配当期日が通知されてから1週間以内に提出することになっています。

　配当期日には、各債権者が出席した上で、それぞれに対する配当に問題がないかを確認します。確認の方法としては、裁判所書記官が、債権者各自にいくらの配当がなされるのかを記載した一覧表である配当表を閲覧できるようにします。配当について各債権者が異議を述べなければ、配当表どおりに配当が実施されます。交付にあたっては、請求書や領収書に必要事項を記載し、署名押印して、裁判所書記官に提出します。請求書と領収書は裁判所で用意されています。

　以上の手続きが済んだら、裁判所の会計部で支払いが受けられます。小切手などで支払いがなされます。

■ 配当表に異議がある場合

　配当表に異議があることが述べられたら、その部分については配当が留保されます（配当異議の申出）。その上で、異議申立者は、配当期日から1週間以内に、配当異議訴訟を提起することができます。訴訟の場で決着をつけるわけです。

　ただし、1週間以内に配当異議訴訟が提起されなければ、配当異議の申出は取り下げられたものとみなされ、留保されていた部分についても配当表のとおりに配当が実施されます。

■ 配当要求をすることができる者 ·······························

- 差押登記後に登記された仮差押債権者
- 執行力のある債務名義の正本を有する債権者
- 文書により一般の先取特権を有することを証明した債権者

強制競売申立書

東京地方裁判所民事第２１部御中
　　　　　　　　令和○年７月３日
　　　　　　　　　債　権　者　　　村田商事株式会社
　　　　　　　　　代表者代表取締役　村田一郎　　㊞
　　　　　　　　　　　　　電　話　　０３－ＸＸＸＸ－ＸＸＸＸ
　　　　　　　　　　　　　ＦＡＸ　　０３－ＸＸＸＸ－ＸＸＸＸ

　　　　　当　事　者　　　　　別紙当事者目録のとおり
　　　　　請　求　債　権　　　別紙請求債権目録のとおり
　　　　　目的不動産　　　　　別紙物件目録のとおり
　　債権者は，債務者に対し，別紙請求債権目録記載の債務名義に表示された
上記債権を有するが，債務者がその弁済をしないので，債務者所有の上記不
動産に対する強制競売の手続の開始を求める。

　　　　　　　　　　　　　添付書類

１　執行力ある判決正本　　　　　　　　　　　　　　　１通
２　送達証明書　　　　　　　　　　　　　　　　　　　１通
３　不動産登記事項証明書　　　　　　　　　　　　　　２通
４　資格証明書　　　　　　　　　　　　　　　　　　　１通
５　住民票　　　　　　　　　　　　　　　　　　　　　１通
６　売却に関する意見書　　　　　　　　　　　　　　　１通
７　公課証明書　　　　　　　　　　　　　　　　　　　２通
８　不動産登記法１４条の地図の写し　　　　　　　　　２通

※申立書と各目録との間に契印し，各ページの上部欄外に捨印を押す。

当 事 者 目 録

〒104－0061　　東京都中央区銀座9丁目3番4号
　　　　　　　　申立債権者　　村田商事株式会社
　　　　　　　　　　　　代表者代表取締役　村田一郎

〒104－0061　　東京都中央区銀座10丁目2番1号
　　　　　　　　債 務 者　　北 川 太 郎

請 求 債 権 目 録

　債権者債務者間の東京地方裁判所令和○年（ワ）第○○号○○○請求
事件の執行力ある判決正本に表示された下記金員

記

(1) 元　金　　　　金10,000,000円　ただし貸付残元金
(2) 損害金
　　　ただし (1) の金員に対する令和○年3月10日から完済に至る
まで，年○パーセントの割合による遅延損害金

物 件 目 録

1　所　　　在　　東京都中央区銀座10丁目
　　地　　　番　　2番1
　　地　　　目　　宅地
　　地　　　積　　80.21平方メートル

2　所　　　在　　東京都中央区銀座10丁目2番地1
　　家 屋 番 号　　2番1
　　種　　　類　　居宅
　　構　　　造　　木造瓦葺平家建
　　床 面 積　　　53.78平方メートル

書式2　債権届出書

令和　○　年　（　　　）　第　　　　　号

債 権 届 出 書

令和　○　年　11　月　7　日

東京地方裁判所民事第21部（　　　　　競売係）御中

〒142-0064 住所　**東京都品川区旗の台7丁目1番**

　　　氏名又は名称　**品川　株式会社**

　　　代表者（代理人）**戸田　五郎**　　　　　　　　　　㊞

　　　　　　　電話　　　03（1111）1111
　　　　　　　FAX　　　03（1111）1112

下記のとおり債権の届出をします。

番号	債権発生の年月日及びその原因	元 金 現 在 額	登記の表示（仮差押えの場合は，併せて事件の表示）
1	R○.3.1付売買契約	2,000,000	R○.3.2受付第123号根抵当権
	合　　計	2,000,000	
例1）	○.4.8付消費貸借	5,000,000円	○．4．9受付第478号根抵当権
例2）	○.3.22付売買契約	600,000円	○．4．9受付第476号仮差押（東京地裁令和○年(ヨ)第9号）

元金番号	期　　　　　日	日　　数	利率（特約等）	利息・損害金の別	利 息 ・ 損 害 金 の 現 在 額
1	R○.6.1～完済		年10%	損害金	
例1）	○.7.28～11.15	111	年7%	利　息	106,438円
例2）	○.11.16～完済		年10%	損害金	

所有権移転に関する仮登記	□担保仮登記である　□担保仮登記でない

**書式3　配当要求書**

配　当　要　求　書

> 収入印紙
> 500円
> ※割印しな
> 　いこと

東京地方裁判所民事第２１部御中
　　　　令和○年12月５日
　　　　　　東京都品川区小川台３丁目５番１号
　　配当要求債権者　　　大井　信二　㊞

　上記当事者間の御庁令和○年（ケ）第○○○○号不動産競売事件について，次のとおり配当要求する。
1　配当要求をする債権の原因及び額
　　別添判決正本記載のとおり
2　配当要求の資格
　　配当要求債権者は、所有者に対し、執行力ある債務名義正本を有している。

添付書類
1　執行力のある判決正本　　　　１通
2　同送達証明書　　　　　　　　１通

配当期日	午前	事件番号	令和○年（リ）第　　号外 件
担当書記官		債務者	宇田　政明

債権計算書

東京地方裁判所民事第21部　御中　　　　　　　　令和○年 11月 7日

住所　**東京都品川区旗の台７丁目１番**

氏名又は名称　**品川　株式会社**

代表者（代理人）　**戸田　五郎** ㊞

電話　**03-1111-1111**

債権額の計算は下記のとおりです。

債権額合計　金			○,○○○,○○○	円

元金番号	債権発生年月日及びその原因	元金現在額	債務名義・仮差押命令または担保権の表示
1	R○.3.1付売買契約	2,000,000	R○.3.2受付第123号根抵当権
合　　計		2,000,000円	

元金番号	期間	日数	利率	利息・損害金の別	利息・損害金現在額
1	R○.6.1〜 R○.○.○	○○○	年10%	**損害金**	○○○,○○○
合　　計	利　息 □年365日の特約あり				円
	損害金 □年365日の特約あり				○○○,○○○円

執行費用合計　金					円

備　　考	□前回の配当または差押命令発令以後入金なし

3 競売不動産を買い受けるメリット・デメリット

特にデメリットについてはよく知っておく必要がある

■ どんなメリット・デメリットがあるのか

　ここまで述べてきたことを、メリット、デメリットという形でまとめておきます。各内容の詳しい説明については、これまで述べてきた箇所と個別の該当箇所を参考にしてください。

・メリットについて

　一般の不動産取引で購入するよりも安く買うことができる可能性があるということです。市場価格の２割安、３割安で購入することもできます。ただ、最近では、競売物件でもよいものは市場価格以上で落札されるケースもあり、競売市場も二極化しています。

・デメリットについて

① 落札した物件に欠陥があった場合の法的保護がない

　一般の不動産取引の場合、物件に欠陥があるときは、売主に対して契約解除、損害賠償請求、代金減額請求、修補請求をすることができます（契約不適合責任）。場合によっては、長期にわたるアフターケアサービスも、契約内容として入ってくることがあります。

　しかし、競売不動産の場合、物件に欠陥があっても、アフターケアサービスがないのはもちろんのこと、契約解除、損害賠償請求、代金減額請求、修補請求もできません。たとえば、床の一部が抜けていても、自分で補修しなければならないのです。

② 競売不動産の場合には自己資金が必要

　買受希望者は、入札期間中に買受申出の保証という名目で保証金を裁判所に納めなければなりません。その額は通常、売却基準価額の10分の２が原則とされています。ですから、たとえば、売却基準価額が

3,000万円の物件だと、最低600万円を一定の期間内に納めなければなりません。この600万円は、一般の不動産取引でいうところの手付金にあたると考えてよいでしょう。ただ、手付金の場合は、それを請求しない業者もありますし、10分の2未満の額でよいとするところもあります。つまり、お互いの話し合いで柔軟に何とかなるというのが一般の不動産取引のよいところです。

ところが、競売不動産の場合は、落札できるかどうかわからない物件のために、何がなんでも期間内に保証金を納めなければなりません。もちろん、落札できなかった場合、納めた保証金は戻ってきます。

しかし、入札手続段階での600万円は一般庶民にとっては大きな負担です。それに、この段階では銀行のローンはあてにできません。落札できるかどうかわからない物件のために、銀行が融資に応じるはずがないからです。競売不動産は安いのが魅力ですが、入札手続段階では、結果的に自己資金を最低でも保証金相当額は用意していなければならないことになります。

③ 買取希望段階では内覧が制限される

一般の不動産取引だと、買受希望者は希望物件の中まで見せて案内してもらうことができるのが普通です。ところが、競売不動産については、空き家であっても、その中を見せてもらうには一定の手続が必要になります。この手続を内覧制度といいます。

まず、内覧の申立てができるのは、差押債権者（担保権を持っている債権者で、一番最初に競売の申立てをした者を指すと考えてください）だけであり、買受希望者は申し立てることができません。

なお、競落した建物には、従来からの賃借人が住んでいることもあります。通常、賃借人は、抵当権設定の登記の後に建物の引渡しを受けていますので、その場合は、原則として、6か月以内に退去してもらうか、そのまま賃借人の立場を保証するかは、落札者の判断に委ねられます。これに対し、抵当権設定の登記の前から建物の引渡しを受

けている賃借人は、競落後も引き続き建物に住むことができますので、退去してもらうには立退料の支払いを要するでしょう。

次に、裁判所の手続に従って内覧が認められた（内覧実施命令が発令された）場合、買受希望者は競売不動産を内覧することができますが、その日程や時間は、占有者の事情も考慮しながら、基本的に裁判所主導で決めていくことになります。

④　落札者が住人と交渉して明け渡してもらう必要がある

代金を納めても、法律上、引渡しまでは保証されません。この点が、一般の不動産取引とは異なる最大のデメリットです。買受希望者が落札に成功すると、1か月以内（実際には1か月〜2か月程度の間）に代金を納付することになります。この段階で、競落不動産の所有権が落札者に移転します。所有権が移転した段階で、裁判所の役目は終わりです。つまり、落札者が現実に競売不動産を占有できるかどうかまで、裁判所は面倒を見ないということです。

たとえば、代金納付後に現地に行ってみたら、入札期間中にはいなかったはずの怖い住人がいたとします。

裁判所の立場で言えば、そのような事情は知ったことではありません。落札者自身で、住人と交渉して出て行ってもらうか、または、新たに裁判所の手続を利用して明け渡してもらうことにより、解決を図っていくしかないのです。

このようなことは、一般の不動産取引では、悪質業者にでも遭わない限り考えられないことです。この点は競売不動産の最たるデメリットといえるでしょう。

⑤　自分の足で確認しなければならない

一般の不動産取引の場合、担当者からは物件に関する説明にとどまらず、その物件の周辺情報も提供してもらえるはずです。ところが、競売不動産の場合、そのような情報提供者はいませんので、すべてを自分の足で確認しなければなりません。もっとも、物件の周辺情報に

ついても、3点セットにおおまかなことは記載されていますが、前述したように、情報が古くなっている可能性がある上に、内容も十分とはいえません。

　なお、物件の権利関係については、裁判所に聞けばおおまかな説明をしてもらうことができます。しかし、基本的には自分で学習して身につけていかなければなりません。

⑥　情報提供期間が短い

　一般の不動産取引に比べて、物件の情報提供期間が短いのも大きなデメリットです。一般に、競売不動産の閲覧開始日は、入札期日の遅くとも1週間（東京地裁では3週間）程度前からとなっています。

　しかし、不動産の購入という人生に1度あるかないかの大きな買い物を決めていくのに、この期間は少し短すぎます。買受希望者は、この1週間（東京地裁では3週間）程度で、3点セットを十分精査した上で、現地確認、必要な書類の記入、保証金の準備などをしていかなければなりません。これでは一般の不動産取引に比べて、判断が雑になってしまうおそれがあります。

■ 競売不動産を買い受けるデメリット ………………………………

法的保護に欠ける	物件に欠陥があったとしても、契約解除や損害賠償請求などをすることができない
自己資金が必要	最低でも売却基準価額の10分の2を原則とした保証金は用意しておかなければならない
内覧の制限	買受希望者は、希望物件の中を見ることが制限される
住人と交渉する必要がある	引渡しまでは保証されないので、引渡しについては、自分で手続を行わなければならない
調査は自分で行う	物件調査はすべて自分で行う
情報提供期間が短い	閲覧開始日が入札期日の直前になっている

物件の選択から引渡しを受けるまでの概略をつかもう

具体的ケースを見ながら問題点を把握しておく

まず物件を選択する

競売不動産の種類はさまざまです。まず、建物と土地に大きく分けられます。建物の中には、アパート、マンション、ビル、一軒家などがあります。どれを購入するかは、その利用目的によって異なってきます。また、土地の利用といっても、駐車場利用の目的、商業施設の建設目的などさまざまです。どの不動産をどのような目的で購入するかによって、手続の概略も変わってきますが、ここでは、2人の夫婦が居住用の分譲マンションを購入する場合を想定して説明します。

まず、はじめに、住む場所を決めなければなりませんが、ここでは仮に東京都の八王子市としておきます。

次に、交通の利便性を考えます。夫が毎日、京王線京王八王子駅を利用すると仮定した場合、駅から歩いて15分以内の場所がよいでしょう。さらに、間取りを70㎡、予算は2,000万円としておきます。この2,000万円の中には、登録免許税や管理費の滞納があった場合の代弁済費用、賃借人がいた場合の立退料の支払代金などが含まれていることに注意をする必要があります。この予算の説明については、後述します。

以上の大まかな条件に合致する物件を住宅情報誌やインターネットで探します。目当ての物件が見つかったら、入札期間と開札期日を調べます。仮に、住宅情報誌で見つけた日を2月22日、入札期間が3月1日から3月8日だとします。入札期間まであまり時間がありませんが、とりあえず、インターネットの不動産競売サイトBITから、目当ての物件に関する「3点セット」をダウンロードします。それを見ると、Aという人が所有者、Bという人が賃借人になっています。管理

費の滞納はありませんし、書類上疑わしいところはありません。ただ、賃貸借関係が気になるので、まずは、この点を調べるために、裁判所に行って調べることにしました。

　Bが作成した「借家契約などに関する回答書」によると、今年の7月いっぱいで契約期間が切れることがわかりました。ですから、交渉しだいでは、その前に出て行ってもらうことが可能だと思われます。それから、所有者を確認するためにマンションの登記簿謄本（登記事項証明書）を法務局で取得しました。3点セットの情報と合致しており、こちらは問題ないことが確認できました。後日、現地に行って所有者と会い、滞納管理費の有無や賃借人の素性、地域周辺の特性など、いろいろと有益な話を聞くことができました。

　さて、ここまでの段階で、入札に参加するかどうかの判断材料がそろったといえます。入札する腹が決まったら、後は保証金など予算の捻出方法を考えます。なお、代金の納付にあたっては、金融機関を利用することもできますが、その場合には、弁護士または司法書士を介在させた手続を検討するとよいでしょう（150ページ）。

■ 予算を立てる

　前ページの説明の中で、夫婦の予算を2,000万円と想定しましたが、この2,000万円の内訳について、少し解説します。競売不動産には売却基準価額が設定されています。これは、かつての最低売却価額とどこが違うのでしょうか。

　たとえば、最低売却価額が2,000万円に設定されている場合、それ未満の価額で入札することはできませんでした。ところが、売却基準価額が2,000万円と設定されていても、2割低い額の1,600万円で入札することができます。この2割低い価額を買受可能価額といいます。

　詳しいことは124ページ以降の説明に譲るとして、話を戻しますが、そもそも予算2,000万円で最高いくらの競売不動産に手が出せるものな

のでしょうか。売却基準価額で落札できれば、それに越したことはないのですが、競合することを想定して２、３割増で見積もっておくのが無難です。本件では、とりあえず売却基準価額1,500万円の分譲マンションについて２割増の入札を検討しました。２割増、つまりプラス300万円ですから、この段階で1,800万円です。さらに、戦略上、端数の１円をプラスします。加えて、土地と建物分の登録免許税、負担登記抹消分の登録免許税、不動産取得税などの諸費用を見積もっておく必要があります。本体価額が1,800万１円の場合、諸費用の額は高く見積もっても、本体価額の２％（約36万円）以下になることが想定されます。本件では仮に30万円とします。管理費用の滞納がある場合は、買受人が立て替えなければなりません。その額を仮に50万円とします。

　さらに、賃借人がいた場合は、敷金返還費用を合算した立退費用を見積もっておかなければなりません。その額を100万円とします。

　以上をざっと合計すると、上記以外の細かい支出があると想定しても、何とか予算内に納めることができそうです。

■ 入札手続をする

　３月１日から８日までの入札期間に、入札書類を裁判所に提出して、保証金の300万円を銀行に振り込みます。

■ 予算の立て方 ……………………………………………………………

1,500万円	1,800万円	1,800万１円	1,880万１円	1,980万１円
1,500万円 （売却基準価額）	＋300万円 （2割増を検討）	＋１円 （戦略上）	＋80万円 （諸費用・管理費）	＋100万円 （立退費用）

開札期日の３月15日、裁判所の不動産売却場に足を運び、落札が決まったことを確認します。売却許可決定が下されるのは、通常、開札期日の約１週間後になります。ただし、東京地裁立川支部の場合は、特別の事情がない限り、開札期日から２日後の売却決定期日に売却許可の決定が下されます。そこで、本ケースでも、２日後の３月17日に売却許可決定が下されたと仮定しましょう。

　売却許可決定から１週間は、競売不動産の所有者から執行抗告が出される可能性があるので油断はできません。執行抗告とは、主に債権者や競売不動産の所有者から出される異議申立てのことです。つまり、「本件競売手続には法律違反があるから調べてくれ」と裁判所に申し立てる権利が１週間認められているのです。

　ただ、買受人の立場で言えば、通常の手順に従って競売制度を利用している限り、異議申立てがなされたからといっても、心配することはありません。ただし、この申立てがなされると、裁判所の判断が下りるまで、代金の納付ができないので、所有権を取得することができなくなります。この場合、裁判所の判断が下りるのは、異議申立てから約１か月後になります。

　本ケースでは、現地で所有者Ａと事前に会っていろいろ話をしており、好感触だったことを確認した上での入札参加なので、Ａから執行抗告が出されることはありませんでした。

■ 明渡し交渉から代金納付、引き渡しまで

　１週間以内に執行抗告が出されなければ、売却許可決定が確定します。この期日を３月24日としましょう。代金の納付は、早くても売却許可決定が確定した日から１か月以内（実際には１か月〜２か月程度の間）になりますが、その間に占有者である賃借人との明け渡し交渉を行います。

　本件では、賃借人の契約期間は７月いっぱいまでと期限が迫ってお

り、かつ、普通の一般市民ですので、4月いっぱいの立退きで合意することができました。立退料は100万円です。これらの合意内容は合意書という形でまとめておきます。もしプロの占有屋でしたら、以上のスムーズな流れにはならない可能性があります。その場合は、後述する裁判所の引渡命令という手続を検討しなければなりません。

さて、明渡し交渉が無事終わったとすると、後は代金の納付です。これによって、物件の所有権が裁判所から買受人に移ります。前所有者に管理費用の滞納があれば、管理会社にそれを納めることになりますが、本件では考える必要がありません。

また、本件では、たまたま競売手続完了2か月後に賃借人の契約期間が切れる事案でした。ところが、状況によっては、平成16年（2004年）3月31日以前に契約が締結され、合意による更新が繰り返されている短期賃貸借の契約期間が残っていることもあり、その場合は事態の収拾が難しくなってきます（残りの契約期間を買受人に主張できるため）。

■ 投資目的で競売物件を買い受ける場合との違いは何か

以上の流れは、居住目的で競売不動産を購入する場合の概略ですが、これが、たとえば、投資目的でマンションを購入する場合になると、多少違ったアプローチが必要になってきます。投資目的というのは、アパートやマンションの家賃収入を目的として購入する場合などのことです。この場合、居住目的で購入する場合よりも、賃借人の素性や賃貸借関係をきちんと確認しておく必要があります。

まず、賃借人の素性調査については、どのように行えばよいでしょうか。できれば、マンションなど1件ずつ回って賃借人の人相でも見ておきたいところですが、そういうわけにはいきません。そこで、前所有者から賃借人の素性、特に、職業についての情報ぐらいは、最低限聞き出しておきたいところです。その上で、取得した情報を総合的

に判断して特に問題がなければ、現賃借人を無理に追い出す必要はありません。建物購入の動機が家賃収入を得ることにあるのですから、賃料を得られればそれで問題はないはずだからです。

　また、抵当権の設定登記より前にアパート・マンションに入居している賃借人がいる場合には、買受人が敷金返還義務を引き継ぎます（161ページ）。そのため、そのような建物を買い受ける場合には敷金の額もチェックしておく必要があります。敷金は、本来、前所有者から引き継ぐことができるのが筋です。ところが、借金を返せなくなって、物件を手放すことになった前所有者から敷金を承継できるかどうかは疑問です。そこで、賃借人が部屋を出て行く際には、新所有者である買受人が否応なく敷金の返還を余儀なくされることになってしまうので注意してください。

■ 投資目的の競売 ……………………………………………………

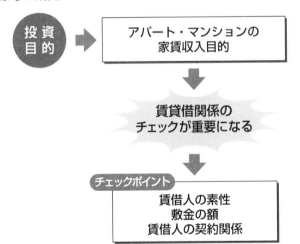

5 不動産業者はどのような存在なのか

代行業者を利用する場合には見積もりをとること

■ 競売手続代行の不動産業者を利用する

競落不動産の買受希望者が、独力で競売手続に参加することもできますが、68ページ以下で述べたように、すべてを自己責任で賄うことに不安を感じている人もいることでしょう。

そのような人のために、現在、不動産競売手続の一切を代行している業者（代行業者）が数多くあります。単なる手続の代行にとどまらず、落札後の内装工事や複雑な権利関係の整理まで請け負っている代行業者もいます。また、自ら競売不動産を落札して、それを販売している代行業者もいます。

このような代行業者の行為は、各種の法律を遵守して営業を行っている限り、問題はありません。ですから、独力で競売に参加することがどうしても不安な人は、代行業者に委託するのもよいでしょう。

ただし、競売不動産の魅力は、その価額の安さにあります。代行業者に委託すれば、当然のことながら、委託料が発生します。その額ですが、内装工事費や権利関係の整理まで委託料に含めると、売却基準価額の6割増し以上になってしまうことも珍しくありません。売却基準価額2,000万円の競売不動産が最終的に3,200万円以上になることもあるということです。

もっとも、金額の交渉については、委託の段階で代行業者に見積り額を提示してもらい、追加料金発生の有無を確認しておけば心配はないでしょう。

6 不動産登記簿で物件の権利関係を調べておこう

複雑な権利関係も把握できる

■ 登記簿は何のためにあるのか

　不動産登記簿とは、一言で言うと、不動産の履歴書のことです。不動産登記簿には、土地登記簿と建物登記簿の２種類がありますが、買受希望者にとって、不動産登記簿にはどんな意味があるのでしょうか。

　競売不動産の買受希望者がお目当ての物件をより詳しく調査していく方法はさまざまです。土地の場合には、より正確な位置関係を調べるために、公図、地積測量図や住宅地図を利用して調べていくという方法があります（次ページ図参照）。また、建物の場合には、建物図面や各階平面図を見て調べていくという方法もあります（次ページ下図参照）。

　しかし、競売制度を利用して物件の購入を検討する場合には、以上の方法で物理的外形を調べるだけでは不十分です。これまで述べてきたように、競売不動産には、目に見えない複雑な権利関係が設定されている場合が少なくありません。そのような権利関係の存在の有無は、物件の物理的構造を調べるだけではわからない場合があります。不動産登記簿の存在意義は、それらの権利関係を把握できる点にあります。不動産登記簿には、当該物件の所有者の履歴だけでなく、抵当権などの複雑な権利関係が一目でわかるように記載されています。

　そこで、競売制度を利用する買受希望者は、不動産登記簿を通じて、お目当ての物件の権利関係について正確な情報を得ることができるというわけです。

■ 公図サンプル ....

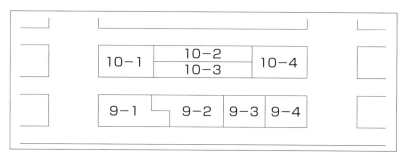

■ 地積測量図サンプル ....

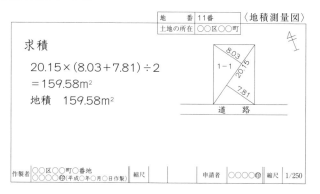

■ 建物図面・各階平面図サンプル ....

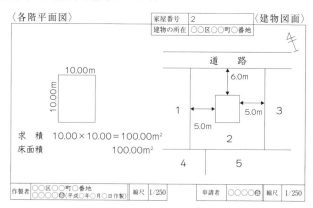

登記事項要約書で現在の登記の内容を調べる

　登記の内容を調べる場合、従来は、登記簿を閲覧するという方法がありました。法務局へ行き、所定の用紙に必要事項を記載して申請すれば、直接登記簿を見ることができたのです。

　しかし、全国の法務局がコンピュータ化され、紙の登記簿から磁気ディスクの登記簿に変わりました。登記記録は磁気ディスクに記録されており、直接閲覧することはできません（ただし、まれに特殊な事情で紙の登記簿に記載されたままの場合もあります）。そのため、閲覧に代えて、登記記録に記録されている事項の摘要を記載した「登記事項要約書」を取得することになります。登記事項要約書には、主に現在有効な事項のみが記載されており、たとえば、所有権に関する事項欄（甲区）、所有権以外の権利に関する事項欄（乙区）などが記載されています。

　ところで、どこの法務局へ行っても自分が調べたい不動産の登記事項要約書を交付してもらえるわけではありません。各法務局には管轄があり、原則として、自分が調べたい不動産を管轄する法務局で登記事項要約書の交付を受けることになります。

　不動産を管轄する法務局がわからないときは、法務局のホームページ（https://houmukyoku.moj.go.jp/homu/static/kankatsu_index.html）から検索することができます。

　調査対象の不動産を管轄する法務局へ行き、登記事項要約書の交付を受ける場合の具体的な手順を見ていきましょう。

　法務局の書類交付窓口の付近には、登記事項要約書交付申請書が置いてあります。「不動産用」と「会社法人用」の２種類がありますが、不動産用の方を使用します。用紙の住所、氏名の欄に申請人の住所、氏名を記入します。また、対象の不動産の種類などについてはチェック欄があるので、見落とさないようにチェックしましょう。一通り用紙の記入が終わったら、念のため記入漏れがないか確認します。

■ 用紙の記入と確認が終わると、交付手数料を支払う

　手数料は、収入印紙で納付します。料金は1通につき450円で、1通の枚数が50枚を超える場合には、その超える枚数50枚までごとに50円が加算されます。

　申請書に必要事項を記入したら、係員に手渡すか、受付カウンター上に置いてある受付用の箱に入れます。収入印紙は最初から申請書に貼って出してもかまいませんし、貼らずに出して後で貼ってもよいでしょう。該当する不動産がない場合などには交付を受けられず、手数料を納める必要もないので、収入印紙を後で貼った方がよいかもしれません。

■ 登記事項証明書で登記の内容を調べる

　登記の内容を調べるもう1つの方法として、従来は、登記簿の謄本（登記事項の全部を複写した書面）または抄本（登記事項の一部を複写した書面）の交付を受けることができました。しかし、法務局のコンピュータ化に伴い、登記簿謄本・抄本に代えて、登記記録に記録されている事項の全部または一部を証する書面として「登記事項証明書」の交付を受けることになりました。

　登記事項証明書の交付を受けたい場合には、登記事項証明書交付申請書に必要事項を記入して提出します。申請書には、まず、登記事項証明書の交付を申請する人の住所・氏名を記入します。土地の場合は、その所在地（郡市区、町村、丁目・大字および字）と地番を、建物の場合は、その所在（郡市区、町村、丁目・大字・字、敷地番号）と家屋番号を記入します。チェック欄の登記事項証明書欄または一部事項証明書欄にチェックをします。登記事項証明書は同時に複数通とることができるので、申請書に請求する通数も記載します。

　登記事項要約書の交付請求の場合と同じく、収入印紙は最初から申請書に貼って提出してもかまいませんし、登記事項証明書が出てきて

から申請書に貼ってもよいでしょう。

ただ、登記事項証明書を法務局の窓口で請求する場合は、1通につき600円で、1通の枚数が50枚を超えるときは、超える枚数50枚までごとに100円が加算されるため、登記事項証明書が出てくるまでは必要な金額がわかりません。そのため、収入印紙は登記事項証明書が出てきた後に貼った方がよいかもしれません。

■ 登記情報交換システムまたは郵送による取得

コンピュータ化されている法務局のほとんどにおいて「登記情報交換システム」が稼動しており、自宅や勤務先などの近くの法務局で、遠隔地にある不動産の登記事項証明書を取得することができます。多忙なため法務局に行っている時間がない、最も近い法務局が自宅などから遠い場所にあるといった場合には、郵送で登記事項証明書を取得するとよいでしょう。

なお、登記簿謄本・抄本（登記簿謄抄本）については、磁気ディスクに記録されておらず、登記情報交換システムで取得することができないので、管轄の法務局が遠くて行くのが難しいといった場合には、郵送での申請が便利です。

手続きは、登記事項証明書（登記簿謄抄本）交付申請書に必要事項を記入し、収入印紙（または登記印紙）を貼付して、切手を貼った返信用の封筒を同封して、管轄法務局に郵送します。ただ、申請書には地番や家屋番号を記入しなければならないので、これらが不明だと郵送での申請はできません。また、多くの場合、1週間程度の時間がかかりますので、急いでいるときは郵送が利用できません。

なお、登記事項要約書は、登記情報交換システムを利用して遠隔地の法務局のものを取得したり、郵送で交付請求をしたりすることはできません。登記事項要約書の交付は、閲覧制度に代わるもので、もともと登記簿の閲覧は管轄法務局でしかできないものだからです。

■ インターネットを利用して登記の内容を調べる

　登記情報提供サービス（https://www1.touki.or.jp/）は、一般利用者が自宅や事務所のパソコンからインターネットを利用して登記の内容を確認することができる制度です。

　これまで、登記情報を入手するためには、原則として、法務局まで出向いて登記事項証明書または登記事項要約書を請求する必要がありました。しかし、登記情報提供サービスにより、自宅や会社に居ながらにして登記情報を確認することができることから、登記の内容を調べる時間と手間を大幅に省くことができます。

　もっとも、登記情報提供サービスは、閲覧するのと同等のものであるため、登記事項証明書とは異なり、証明文や公印が付加されないことに注意を要します。

■ 登記簿（登記記録）の読み方

　登記簿（登記記録）は表題部と権利部からなっています。表題部とは、不動産の概況を記した部分です。権利部とは、文字通り不動産の権利関係を記した部分で、甲区と乙区に分けて記載されています。

　このように説明すると、登記簿は複雑で難しそうに思われるかもしれませんが、競売不動産の買受希望者が注意すべきポイントは限られているといってよいでしょう。以下では、買受希望者にとって必要な情報につき、ポイントを絞って説明をしていきます。

① 「表題部」で注意すべきポイント

　土地登記簿の表題部には、所在・地番・地目・地積などが記載されています。これらの記載は、現況調査報告書と同一になりますが、実物と同じだという保証はありません。所在や地番が実際と異なることはめったにありませんが、地目（山林、宅地、農地などの別を記載している箇所）や地積（土地の面積のこと）が異なっていることはよくあるので注意が必要です。登記簿とは関係ありませんが、法務局に備

え置かれている14条地図や公図（3点セットにも添付されています）もあてにはなりません。

　ですから、地目や地積などに疑わしい所があったら、徹底調査して真実を明らかにしていくことも必要でしょう。同様に、建物登記簿の表題部に記載された床面積も実際と異なる場合があります。このような場合は、測量士や建築士などへの依頼も考えなければなりません。

② 「権利部」で注意すべきポイント

　前述のとおり、「権利部」は甲区と乙区に分かれて記載されていますが、甲区には所有権に関する事項が、乙区には所有権以外の権利（抵当権など）に関する事項が記載されています。

　まず、甲区についてですが、「処分禁止仮処分」の記載があるときは要注意です。これは、所有権をめぐって係争中の物件であることを公示しています。仮処分権利者が裁判で勝訴した場合には買受人は不利益を受けるおそれもあります。物件明細書にも記載されているはずですが、記載もれがないとは言い切れないので注意が必要です。

　次に、乙区についてですが、抵当権設定登記後に平成16年（2004年）3月31日以前に締結された短期賃貸借の設定登記がなされている場合は、現地調査でどのような占有者であるかの確認が必要です。この占有者に対しては、競売開始決定からの差押えの登記後に、その短期賃貸借の期間が満了すると引渡命令の対象になります。

■ 登記記録の構成 ………………………………………………………………

登記記録
　表題部 ＜ 不動産の所在地や面積などの物理的な情報
　権利部
　　甲区 ＜ 所有権に関する情報
　　乙区 ＜ 所有権以外の権利に関する情報

しかし、法的に引き渡してもらう権利があることと、実際にすんなり明け渡してもらえるかは別問題と考えるべきです。占有者によっては、後日面倒が起こらないとは限らないからです。登記簿とは関係ありませんが、物件の占有者の有無については、確認しておく必要があります。

■ 資料　登記事項要約書 ………………………………………………

		登記事項要約書　　　　土地				
1	表題部	新宿区〇〇町1丁目				昭和〇〇年〇月〇日
		1番12	宅地	100：00	1番1から分筆	
	権利部 所有権	新宿区〇〇町1丁目1番8号　　鈴　木　太　郎				昭和〇〇年〇月〇日 第11111号
	権利部 乙　区	1	根抵当権設定			極度額　金〇〇〇万円 債権の範囲　信用金庫取引 債務者 　新宿区〇〇町1丁目1番8号 　　　鈴　木　太　郎 根抵当権者 　渋谷区〇〇町3丁目4番5号 　　〇　〇　信　用　金　庫 共同担保　目録（あ）第8888号

＊　下線のあるものは抹消事項であることを示す。　　　　　整理番号　Ｄ５５５５６　　1／1

86

不動産用	登記事項証明書 登記簿謄本・抄本 交付申請書	

※ 太枠の中に記載してください。

窓口に来られた人 （申 請 人）	住 所　東京都新宿区××三丁目4番5号 フリガナ　コウノ イチロウ 氏 名　甲野 一郎	収入印紙欄

※地番・家屋番号は、**住居表示番号（○番○号）とはちがいますので**，注意してください。

種 別 （レ印をつける）	郡・市・区	町・村	丁目・大字・地 字	番	家屋番号 又は所有者	請求 通数
1 ☑土地 2 □建物	新宿区	××	六丁目	7番8		1
3 □土地 4 □建物						
5 □土地 6 □建物						
7 □土地 8 □建物						
9 □財団（□目録付） 　□船舶 　□その他						

※共同担保目録が必要なときは，以下にも記載してください。
次の共同担保目録を「種別」欄の番号＿＿＿＿＿番の物件に付ける。
　☑現に効力を有するもの □全部（抹消を含む） □（＿） 第＿＿＿＿号

※該当事項の□にレ印をつけ，所要事項を記載してください。

☑ 登記事項証明書・謄本（土地・建物）
　専有部分の登記事項証明書・抄本（マンション名＿＿＿＿＿＿＿＿＿＿＿）
　□ただし，現に効力を有する部分のみ（抹消された抵当権などを省略）

□ 一部事項証明書・抄本（次の項目も記載してください。）
　共有者＿＿＿＿＿＿＿＿＿＿＿＿＿＿に関する部分

□ 所有者事項証明書（所有者・共有者の住所・氏名・持分のみ）
　□ 所有者　　□ 共有者＿＿＿＿＿＿＿＿＿

□ コンピュータ化に伴う閉鎖登記簿
□ 合筆，滅失などによる閉鎖登記簿・記録（昭和・平成＿＿年＿＿月＿＿日閉鎖）

収入印紙欄内（縦書き）:
収入印紙
収入印紙
（登記印紙も使用可能）
収入印紙は割印をしないでここに貼ってください。

交 付 通 数	交 付 枚 数	手 数 料	受 付・交 付 年 月 日

（乙号・1）

資料　登記事項証明書

表　題　部 (土地の表示)		調製	余白	不動産番号	0000000000000
地図番号	余白	筆界特定	余白		

所　　在	新宿区○○町一丁目		余　白

①地　番	②地　　目	③地　　　積　 m²	原因及びその日付〔登記の日付〕
1番12	宅　地	100：00	○○ 〔平成○○年○月○日〕

所　有　者	○○区○○町○丁目○番○号　　○○○○

権　利　部 (甲 区) (所有権に関する事項)			
順位番号	登 記 の 目 的	受付年月日・受付番号	権 利 者 そ の 他 の 事 項
1	所有権保存	平成○○年○月○日 第○○○号	所有者　○○区○○町○丁目○番○ 　　　　○○○○
2	所有権移転	令和○年○月○日 第○○○号	原因　令和○年○月○日売買 所有者　○○区○○町○丁目○番○ 　　　　○○○○

権　利　部 (乙 区) (所有権以外の権利に関する事項)			
順位番号	登 記 の 目 的	受付年月日・受付番号	権 利 者 そ の 他 の 事 項
1	抵当権設定	令和○年○月○日 第○○○号	原因　令和○年○月○日 金銭消費貸借同日設定 債権額　金○○○万円 利息　　年○% 損害金　年○% 債務者　○○区○○町○丁目○番○号 　　　　○○○○ 抵当権者　○○区○○町○丁目○番○号 　　　　株式会社○○銀行(○○支店)

共　同　担　保　目　録			
記号及び番号	㈎第○○○○号	調製	令和○年○○月○○日
番　号	担保の目的である権利の表示	順位番号	予　　備
1	○○区○○町○丁目　○○番の土地	1	余　白
2	○○区○○町○丁目　○○番地　家屋番号 ○○○番の建物	1	余　白

これは登記記録に記録されている事項の全部を証明した書面である。

令和○年○○月○○日
東京法務局○○出張所　　　　　　　　登記官　　　　　　○　○　○　○

※　下線のあるものは抹消事項であることを示す。　　整理番号　○○○○__(1／1)　　(1／1)

7 不動産競売はどのような方法で行われるのか

不動産競売手続きの流れをおさえておく

不動産競売の方法

　不動産競売の方法としては、競り売り、期日入札、期間入札、特別売却という4種類の売却方法があり、この中から、裁判所書記官が定める方法によって行います。以下、それぞれの売却方法について説明します。

① 競り売り

　54ページを参照してください。実際は行われていません。

② 期日入札

　競売不動産が売却される期日に買受希望者が売却場に全員集まり、入札書を執行官に差し出して、その場で開札して落札者を決める方法です。競り売りと似ていますが、買受申出額を声に出さずに、書面で提出する点が異なります。

③ 期間入札

　指定された入札期間中に、買受希望者が入札書を保証金といっしょに裁判所に持参するか、または郵送の方法によって入札を行い、開札期日において集まった入札書を開札して一番高い価格を付けた買い受け申出人を落札者として決定する方法です。現在、不動産競売で最も多く利用されている売却方法です。

④ 特別売却

　期間入札を行ったものの、適法な買受けの申出がなかった場合先着順でその物件を販売する方法です。期間入札後に売れ残り物件を処分していくというわけです。

■ 期間入札の流れ

　不動産競売は、一般的に期間入札によって行われますので、期間入札の流れについて説明します。

　まず、入札期間の2週間前までに、「3点セット」（11ページ）と呼ばれる競売物件の情報が公開され、これによって競売不動産の詳細な情報をはじめて得ることができます。入札期間は、1週間程度（東京地裁では原則として8日間）の期間で設定されます。

　入札にあたり、買受希望者は、買受申出の保証として入札期間中に入札保証金を納めなければなりません。納付方法としては、裁判所が指定する口座へ振り込むことが一般的です。振込用紙は裁判所に備え置かれています。振込みの控えは、入札書類一式のひとつとして提出しなければなりませんので保管しておいてください。入札保証金の額は、通常は、競売不動産の売却公告に記載されている「売却基準価額」の20％です。

　保証金の提供が終わった後、入札手続きに必要となる入札書類一式を、裁判所の執行官室まで持っていくか、郵送の方法により提出します。

　この約1週間後の開札期日に、最も高い金額で入札した人である「最高価買受申出人」と、それに次ぐ高額の価額で入札した「次順位買受申出人」が決められます。これ以外の入札人の保証金は返還されます。

　その後、裁判所は買受申出人の適格性を審査します。特に問題がなければ、開札期日から約1週間後（東京地裁の場合は数日後）に開かれる売却決定期日において売却許可決定がなされると、その者は「買受人」となります。なお、売却許可決定は公告されます。

　売却許可決定が確定すると、一定期間後に（東京地裁では約2週間後）、代金納付期限通知書が買受人に送付され、買受人が代金を納付すると、裁判所は法務局に所有権登記名義を買受人名義にするよう嘱託し、法務局によって買い受け人への所有権移転登記が行われます。

　以上が、期間入札の大まかな流れです。

8 不動産の競売手続きに必要な 「3点セット」とは

3点セットによって不動産競売物件の情報がわかる

■ 3点セットとは

　3点セットとは、不動産競売物件に関する情報である、「現況調査報告書」「評価書」「物権明細書」の3つの資料のことをいいます。3点の資料の詳細は、以下のとおりです。

① 現況調査報告書とは

　裁判所の執行官が、実際に現地に行って、対象物件の形状、占有関係などを調査し、その結果をまとめた書面です。「現況」というのは、現在の状況という意味です。

② 評価書（不動産評価書）とは

　評価人（多くは不動産鑑定士）が、対象物件を調査し、その評価と評価の過程をまとめた書面です。この書面の内容が売却基準価額の根拠となります。

③ 物件明細書とは

　上記①②をベースにして、裁判所書記官が、裁判所の判断として売却の条件を書いた書面です。

■ 3点セットの使い方

　3点セットは、裁判所が提供する物件情報のすべてですので、お目当ての物件を見つけたら、まずは、これらを読み解くことからはじめましょう。3点セットは、1冊の資料として裁判所に備え置かれており、誰でも見ることができます。

　また、BITという不動産競売物件情報サイト（http//bit.sikkou.jp）から無料でダウンロードすることもできます。

9 現況調査報告書について知っておこう

敷地部分と建物部分の読み方をおさえよう

なぜ現況調査が必要なのか

現況調査報告書というのは、裁判所の執行官が現地に行って、対象物件を検分・調査した結果をまとめた書面です。不動産の現況は、不動産登記簿上からも知ることができますが、登記簿には占有状況の有無など、細かい事実まで記されていません。そのため、買受希望者は、登記簿の情報を補足していくという位置付けで現況調査報告書をチェックするとよいでしょう。

建物部分の基本的な読み方

ここでは、一戸の分譲マンションを想定して、現況調査報告書の例（96ページ）の一番上から順番に説明をしていきます。

まず、「不動産の表示」です。ここは、「(別紙) 物件目録」のとおり」と記載されるのが通例です。「物件目録」は、3点セットに添付されています。

「住居表示（等）」にはマンションの住所地が記載されています。「建物」の欄に、「物件1」と記載されていますが、この「1」を物件番号といいます。物件番号は、各不動産ごとに記載されることになっています。

たとえば、敷地の上に立っている建物を敷地と共に買い受けると、敷地（土地）と建物各々に物件番号が付されることになるのが基本です。物件情報については、後で説明を補足しますが、ここでは、「物件番号」が公告されている物件目録どおりに記載されているかどうかを確認しておけばそれでよいでしょう。

「種類、構造及び床面積の概略」の「公簿」というのは、主に不動産登記簿のことです。執行官の現況調査の結果、登記簿の記載と同一かどうかの判断が、この欄に記載されることになります。その下の「物件目録にない付属建物」も同様です。執行官が調査して、登記簿と異なっていれば、その旨が記載されることになっています。

「占有者及び占有状況」ですが、現況調査報告書で最も急所となる箇所です。これについては、次ページで説明します。「管理費等の状況」は、所有者が管理人に支払う管理費用の状況を記しています。所有者と管理人が同一の場合もありますが、そのあたりの詳しい事情は、その下「管理費等照会先」に問い合わせて調べることができます。「その他の事項」についてはあれば記載します。管理費用などについては、常識的な金額であれば特に問題はありません。

■ 敷地部分の基本的な読み方

一戸の分譲マンションを購入した場合でも、法律上は敷地（土地）と建物を買ったことになりますので、書面上も各々分けて記載する必要があります。

「敷地権」の欄に「（附）符号」という物件番号が記載されています。「符号」というのは、登記簿上、敷地と建物を別々にせずに、一体として登記されている場合に使う言葉です。登記簿を見れば確認できる事項です。「現況地目」はほとんどが宅地といってよいでしょう。「形状」は、調査書に添付されている写真や図と照らし合わせながら確認してください。

「敷地権の種類」は、購入の動機が居住目的の場合、「所有権」の箇所がチェックされていれば問題はありません。「その他の事項」は、複雑な権利関係が設定されているようでなければ、問題ありません。「執行官保管の仮処分」は、「ある」にチェックが入っていると、注意が必要です。敷地が仮処分状態にあるということは、敷地について、

現在トラブルをかかえているということを意味するからです。つまり、「敷地について裁判沙汰になっているから、今は占有を移転させることはできませんよ」というわけです。買受希望者は、このような物件には手を出さない方が無難でしょう。「敷地権以外の土地」は「ある」にチェックが入っていれば添付書類で確認してください。「土地建物の位置関係」も、同様に添付書類をよく見ておいてください。

■ 現在の状況が正確に反映されているとは限らない

　別紙（97ページ）の「占有者及び占有権原」を見てみましょう。現況調査報告書の中で、買受人がもっとも知りたい情報がこれでしょう。各々の内容については、書式のとおりなので、特に説明することはありません。

　注意したいのは、「現況調査報告書の内容が、まさに今現在の現況が正確に反映されているとは限らない」ということです。執行官の現地調査が行われるのは、債権者が競売を申し立てた後、裁判所書記官

■ 現況調査報告書の作成の流れ ……………………………………

```
           ┌─────────────┐
           │   競売申立て   │
           └─────────────┘
                  ↓
           ┌─────────────┐
           │  差押登記の嘱託  │
           └─────────────┘
                  ↓
           ┌─────────────┐
           │  執行官の現地調査  │
           └─────────────┘
                  ↓
3〜5か月程度 {      ⇓      ⟵ 占有屋の出現
                           土地の市場価格の変動
           ┌─────────────┐
           │ 現況調査報告書の作成 │
           └─────────────┘
```

が差押登記を法務局に嘱託した後になります。買受希望者が調査書の形で目にすることができるのは、物件にもよりますが、現地調査から5か月以上も後になります。ですから、その間に状況の変化が起こっても不思議ではありません。

　たとえば、その間に占有屋（13ページ）が現れることもあるでしょうし、土地の市場価格の変動もないわけではありません。この点については、98、115ページで説明する「不動産評価書」「物件明細書」についても同じことが言えます。

■ 現況調査報告書の確認ポイント ……………………………………

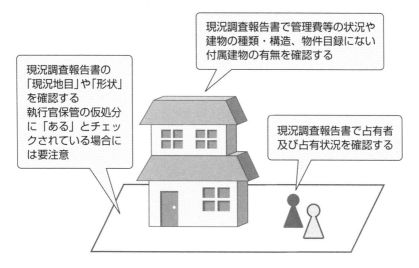

現況調査報告書で管理費等の状況や建物の種類・構造、物件目録にない付属建物の有無を確認する

現況調査報告書の「現況地目」や「形状」を確認する
執行官保管の仮処分に「ある」とチェックされている場合には要注意

現況調査報告書で占有者及び占有状況を確認する

（区分所有建物用1）

不 動 産 の 表 示	「物件目録」のとおり
住　居　表　示	東京都○○市○○町○丁目○番○号○○マンション○―○

建　　　　　物	物件1
種類、構造及び 床 面 積 の 概 略	■ 公簿上の記載とほぼ同一である □ 公簿上の記載と次の点が異なる（□主たる建物　□付属建物） 　　□ 種　　類： 　　□ 構　　造： 　　□ 床面積：
物件目録にない 付　属　建　物	■ ない　　　□ 種　　類： □ ある　　　□ 構　　造： 　　　　　　□ 床面積：
占 有 者 及 び 占 有 状 況	□ 建物所有者　□ その他の者 　上記の者が本建物を　　　　　　として使用している ■ 「占有者及び占有権原」のとおり
管理費等の状況	月額の管理費等は以下のとおり　令和5年○○月○○日現在 管 理 費　　　　○○,○○○円　■ 滞納はない 修繕積立金　　　○,○○○円　□ 滞納がある　　年　月分～　年　分月 　　　　　　　　　　　　　　円　　　　　　　　　　　計　　　　　　　　円 　　　　　　　　　　　　　　円　□ 不明 　　　　　　　　　　　　　　円
管理費等紹介先	電話03－○○○○－○○○○ ○○○○管理組合法人
その他の事項	

敷　地　権	附号1
現　況　地　目	■ 宅地（符号1）　□ 公衆用道路（符号　）　□　　　　　　（符号　）
形　　　　　状	□ 公図のとおり　　　　　　　　　　　□ 地積測量図のとおり ■ 建物図面（各階平面図）のとおり　□ 土地建物位置関係図のとおり □
敷地権の種類	■ 所有権（符号1）　□ 地上権（符号　）　□ 賃借権（符号　） □　　　（符号　　）
その他の事項	
執 行 官 保 管 の 仮　　処　　分	■ ない　　　　地方裁判所　　　支部　令和　年（　）第　　　号 □ ある　　　　保管開始　　令和　年　月　日
敷地権以外の土地 （目的外土地）	■ ない □ ある（詳細は「目的外土地の概況」のとおり）
土地建物の位置関係	■ 建物図面（各階平面図）のとおり　□ 土地建物位置関係図のとおり

96

(占有関係用〈単独〉)

占有者及び占有権原 （物件1関係）

占　有　範　囲	■ 全部　□
占　　有　　者	□ 債務者　■ 株式会社○○○○
占　有　状　況	□ 敷地　□ 駐車場　□ ■ 居宅（社宅）　□ 事務所　□ 店舗　□ 倉庫　□

■ 関係人（○○○○（管理組合法人相談役）の陳述／■ 提示文書（回答書）の要旨

占　有　権　原		■ 借地権　□ 使用借権　□
占有開始時期		平成／令和○○年○○月○○日
最初の 契約等	契約日	平成／令和○○年○○月○○日
	期　間	平成／令和○○年○○月○○日　■ 平成○○年○○月○○日 　　　　　□ 期間の定めなし
更新の種別		□ 合意更新　□ 自動更新　□ 法定更新
現在の 契約等	期　間	年　　月　　　日から □　　　　年　　月　　　日まで　　年間 　　　　　□ 期間の定めなし
契約等	貸主	■ 所有者　□ その他の者（　　　　　　　　　　　　　　　　　）
当事者	借主	■ 占有者　□ その他の者（　　　　　　　　　　　　　　　　　）
賃料・支払時期等		毎月金○○,○○○円（毎月末日限り翌月分支払） □ 前払（　　　　　　　　　　　分　　　　　　　　　円） □ 相殺（　　　　　　　　　　　分　　　　　　　　　円）
敷金・保証金		□ ない　■ ある（■ 敷金○○○,○○○円　□ 保証金　　　　　円）
特　　約　　等		□ 譲渡・転貸を認める　□
そ　の　他		

執行官の意見	□ 上記のとおり　□ 下記のとおり　■ 「執行官の意見のとおり」

10 評価書（不動産評価書）について知っておこう

売却基準価額と市場価格は違う

■ 評価書にはどんな意味があるのか

評価書（不動産評価書）は、競売不動産の売却基準価額の根拠を示した書面です（100ページ）。たとえば、当該物件が2,000万円に設定されたとすると、なぜ2,000万円なのかという根拠をこの書面で知ることができるのです。売却基準価額が本当に適正かどうかについて、買受希望者は厳しい目でチェックしていく必要があります。不動産評価書の記載事項は次ページのとおりです。

■ 評価額は必ずしもあてにならない

競売不動産の売却基準価額は、裁判所が選任する不動産鑑定士などの評価人による評価書に基づいて決定され、市場価格と比べて安く設定されますが、どの程度安く設定されるかについては、物件ごとにかなりのバラつきがあります。競売不動産は、実務上、3割程度の「競売減価」が施されます。裁判所が市場価格の3割も割り引いている理由は、手続の全過程を買受人の自己責任に委ねているからです。言い換えると、裁判所は物件の内部調査をしていない上に、引渡しまで保証していないからだといえます。

ところが、92ページでも説明したように、評価人が下した評価額は、数か月前のものであり、入札時の市場価格を基準に決めているわけではありません。ですから、その間に相場が動いていても何ら不思議ではありません。

評価額は評価人によって異なる可能性があるため評価人の下した評価額は、絶対的に信用できるものではありません。だからこそ、買受

希望者自らが適正な売却基準価額を調査していくことが必要になってくるのです。

■ 売却基準価額 ……………………………………………………………

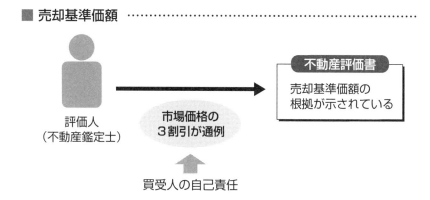

評価人
（不動産鑑定士）

市場価格の
３割引が通例

買受人の自己責任

不動産評価書
売却基準価額の
根拠が示されている

■ 評価書の記載事項 ……………………………………………………

● **評価額**
　物件の評価額が記載されている
● **評価の条件**
　評価額を算定するにあたっての事情や条件が記載されている
● **目的物件の表示**
　現況が異なるときは現況が記載されている
● **目的物件の位置・環境**
　付近の状況や関係法令の規制が記載されている
● **評価額算出の過程**
　評価額を算定した具体的な計算式・経過が記載されている
● **参考価格資料**
　算定の基礎とした公示価格や地積などが記載されている
● **附属資料の表示**
　添付する図などの資料が明示されている

第1　評価額

物 件 番 号	評 価 額
1	金　〇,〇〇〇,〇〇〇円

第2　評価の条件

1　本件評価は、民事執行法により売却に付されることを前提とした適正価格を求めるものである。

　したがって、求めるべき評価額は、一般の取引市場において形成される価格ではなく、一般の不動産取引と比較しての競売不動産特有の各種の制約（売主の協力が得られないことが常態であること、買受希望者が事前に物件に立ち入ることが十分にできないこと、引渡しを受けるために法定の手続を取らなければならない場合があること、目的物の種類又は品質に関する不適合には担保責任がないこと等）等の特殊性を反映させた価格とする。

2　本体評価は、目的物件の調査時点における現状に基づいて評価するものである。

第3　目的物件の表示

物件番号	登 記 簿 上	現 況
1	次頁物件目録記載のとおり	同左

物件目録

1 （一棟の建物の表示）
　所　　　　　在　　○○市○○○町○丁目○○○番地○○

　建 物 の 名 称　　○○マンション

　（専有部分の建物の表示）
　家 屋 番 号　　○○○町○丁目○○○番○○の○の○○○○

　建 物 の 名 称　　○—○

　種　　　　　類　居宅

　構　　　　　造　鉄骨鉄筋コンクリート造1階建

　床　　面　　積　○階部分　○○.○○平方メートル

　（敷地権の目的たる土地の表示）
　土 地 の 符 号　　1

　所在及び番地　　○○市○○○町○丁目○○○番地○○

　地　　　　　目　宅地

　地　　　　　積　○○○○.○○平方メートル

　（敷地権の表示）
　土 地 の 符 号　　1

　敷地権の種類　　所有権

　敷地権の割合　　○○○○○○○○分の○○○○

第4　目的物件の位置・環境等

1　敷地（土地の符号1）の概況、利用状況等

位置・交通	○○線「○○○」駅の南東方約○○○m（徒歩約12分）
付近の状況	近隣は、店舗付マンション、飲食店、事務所等が混在する地域である。
主な公法上の規制等 （道路の幅員等の個別的な規制を考慮しない一般的な規制）	都市計画区分　市街化区域 用　途　地　域　近隣商業地域 建　ぺ　い　率　○○% 容　　積　　率　○○○% 防　火　規　制　防火地域
画地条件	規　　　　　模　○○○○.○○ 形　　　　　状　不整形 間 口 × 奥 行　間口約○○○m、奥行約○○m 地　　　　　勢　ほぼ平坦
面道路接	南東側約○m市道（○○号線、認定幅員○○~○○m、建築基準法第42条1項1号該当） 南西側約○m市道（○○号線、認定幅員○○~○○m、建築基準法第42条2項該当）
土地の利用状況及び隣地の状況等	後記一棟の建物の敷地等として利用されている。 建物の配置は付属資料・建物図面のとおり。
供給処理施設	上　　水　　道　あり ガ　ス　配　管　あり 下　　水　　道　あり
土地の履歴等	土地の利用状況や資料による調査の結果、土壌汚染の可能性ありといえる状態は確認できないため、土壌汚染により価格形成が影響をこうむるとは認められない。
特記事項	なし

2 建物の概況

（1）一棟の建物の概要

マンション名	○○マンション
建物の用途	居住（総戸数○○戸）
建築時期及び 経済的残存 耐用年数	建 築 年 月 日 昭和○○年○○月○○日 経 過 年 数 約○○年 経済的残存耐用年数 約○○年
構 造 床 面 積	鉄骨鉄筋コンクリート・鉄筋コンクリート造陸屋根地下 1階付8階建 1階 ○○○○.○○ 2階 ○○○○.○○ 3階 ○○○○.○○ 4階 ○○○○.○○ 5階 ○○○○.○○ 6階 ○○○○.○○ 7階 ○○○○.○○ 8階 ○○○○.○○ 地下1階 ○○○○.○○
仕 様	屋 根 陸屋根 外 壁 タイル張
設 備	エレベーター あり 駐 車 場 あり そ の 他 駐輪場等
建物の品等	使用資材 普通 施 工 普通
管理の形態等	管理組合 あり 管理方式 委託 管理会社 ○○○○管理組合法人 そ の 他 管理室あり
管理の状態	普通
特記事項	なし

（2）専有部分の建物の概要

構　　　造	鉄骨鉄筋コンクリート造1階建	
位　　　置	5階の角部屋	
現況床面積	専有面積　○○.○○（登記面積） 　　　　　○○.○○（課税面積）	
間 取 り 等	ワンルーム	
バルコニー	あり	
仕　　　様	天　　　井 　　床 内　　　壁 設　　　備 そ　の　他	ビニールクロス等 フローリング等 ビニールクロス等 キッチン・トイレ・浴室等 なし
維持管理の状態	普通	
管 理 費 等	管　理　費 修繕積立金 滞　納　額 備　　　考	月額　　○○,○○○円 月額　　　○,○○○円 なし（平成○○年○○月○○日現在） なし
専有部分の 利 用 状 況	第三者が賃借権に基づき社宅として占有している。本件は賃貸収益用不動産のため、賃借人の存在は利用権減価の要因とならない。よって収益性を考慮した評価額を求める。	
特 記 事 項	なし	

第5　評価額算出の過程

1　基礎となる価格

（1）建物価格
　　当該建物の再調達原価を、現在の建築費の推移動向、共用部分、消費税の課税等も考慮した上、標準的な建築費に比準して求め、これに耐用年数に基づく方法並びに観察減価法を併用した減価修正を行って建物の価格を求めた。

再調達原価	床面積	現価率	建物価格
○○○,○○○円／	×○○.○○	×○.○○	≒○,○○○,○○○円

床面積：登記面積による

現価率
・経過年数約○○年、経済的残存耐用年数約○○年、観察減価率○％

　残価率　　　　　　　　　　　　　　　観察減価　現価率
　○.○○＋（○－○.○○）×○○/（○○＋○○）×（○－○）＝○.○○

（2）敷地権価格（符号1の土地）

　　更地価格を算出し、建付減価を行って建付地価格を求めた。これに敷地権の割合を乗じて敷地権価格を求めた。

物件番号	更地価格	地積	建付減価補正	敷地権の割合	敷地権価格
1	○○○,○○○円／	×○○○○.○○	×0.○○	×○○○○／○○○○○○	≒○,○○○,○○○円

更地価格：更地価格は下記の標準画地価格に個別的要因を考慮して算出した。

① 標準画地価格

　　近隣地域の地価水準・公示価格（○○○○ー○）及び公示価格（○○○○ー○）等を指標とし、時点修正及び地域格差等を考慮して、適正と認められる標準画地価格を次のとおり評定した。

標準画地価格　　　○○○,○○○円／

　　□　標準的な地価形成要因の概要

関係位置	○○○○○駅から○○○m前後
接面街路	幅員○m程度の舗装公道
公法規制	近接商業地域（建ぺい率○○％・容積率○○○％）
形状等	長方形
標準的使用	中高層住宅

② 更地価格（単価）

　　標準画地価格を基に、対象土地の個別的要因を考慮した更地価格を求める。

個別格差	二方路（+○）、面大（ー○）、形状（ー○）
個別格差率（相乗積）	○.○○×○.○○×○.○○≒○.○○

標準画地価格	個別格差	更地価格
○○○,○○○円／	×○○／100	≒○○○,○○○円／

③ 建付減価補正：建付減価率を－○％と判定した

2 評価額の判定
　① 敷地権付建物の価格
　　　前記1で求めた基礎となる建物価格と敷地権価格を合算した額に、所要の修正を行った上、敷地権付建物の価格を求めた。

建物価格	敷地権価格	個別格差	敷地権付建物価格
（○,○○○,○○○円 ＋ ○,○○○,○○○円）		×○.○○	≒○,○○○,○○○円

個別格差
　階層別補正：○.○○（5階／地下1階付8階建、エレベーター有）
　位置別補正：○.○○（角部屋）
　価 格 補 正：○.○○（必要なし）
　位置別補正：○.○○（必要なし）

　相 乗 積：○.○○ × ○.○○ × ○.○○ × ○.○○ ＝ ○.○○

　② 評価額
　　　①で求めた価格に、所要の修正を施して評価額を次のとおり決定した。

敷地権付建物価格	修正項目	競売市場修正	占有減価等	その他の控除	評価額
○,○○○,○○○円	×○.○	×○.○	×○.○	× ○.○	≒○,○○○,○○○円

修 正 項 目：収益性を検討した結果必要なし
競売市場修正：－○○％と判定した
占 有 減 価 等：必要なし。
その他の控除：必要なし。

第6　参考価格資料

【指標とした公示価格等】

【公示価格　○○○○－○】

価格時点	令和○○年○月○日
所在・地番	○○○町○丁目○○○番○○ （住居表示：○－○○－○）
1 m²当たりの価格	○○○,○○○円／m²
地積	○○○m²
前面道路の状況	北○m市道
交通施設との接近状況	○○○○○　○km
法令上の制限	近接商業地域（○○、○○○）
周辺土地の利用状況	店舗付マンション、飲食店、事務所等が混在する地域

【公示価格　○○○○－○】

価格時点	令和○○年○月○日
所在・地番	○○町○○番
1 m²当たりの価格	○○○,○○○円／m²
地積	○○○m²
前面道路の状況	北○m市道
交通施設との接近状況	○○○　○○○m
法令上の制限	近接商業地域（○○、○○○）
周辺土地の利用状況	店舗付マンション、飲食店、事務所等が混在する地域

第7　附属資料の表示

　　1　位置図
　　2　公図写し
　　3　建物・各階平面図

11 競売不動産についての法令上の制限について知っておこう

都市計画法や建築基準法上の制限がある

■ 買い受けた土地を自由に使えない場合がある

　たとえば、「家を建てようと思って土地を買い受けたが、実はそもそも建物が建てられない土地だった」ということがあります。あるいは、住居専用地域だと思って買い受けたら、実はそうではなく、数年後、近所にパチンコ店が進出してきた、ということもあります。

　本来、自分のものは自由に使うことができると考えるのが常識でしょう。ところが、不動産の場合、お金を払って自分のものにしても完全に自由に使うことはできません。その理由ですが、仮に各人が自由に不動産を利用・処分してもよいとするとどうなるのでしょうか。それを許してしまうと、周囲住民の生活環境が破壊されたり、快適で文化的な都市やまちづくりができなくなってしまいます。そのようなことが起こらないようにするためには、建物の建築や土地の利用について、さまざまな法令上の制限を課していく必要があります。その結果、個人の勝手な利用や処分が制限されていくことになります。

　詳細は110ページで述べますが、たとえば、住居系の用途地域なのに、そもそも家を建てることができない土地というのがあります。これは、建築基準法上の接道条件（112ページ）を満たさないために建物を建てることができない一つの例として挙げることができます。

　ただし、競落不動産にこうした法令上の制限があるかどうかというのは、物件公告や評価書に記載されるので、心配することはありません。

■ 法令上の制限の中心は都市計画法と建築基準法

　法令上の制限がある不動産は、利用や処分が不自由な分、価額が安

第2章 ◆ 不動産競売のしくみ　109

く設定されることになります。ただし、221ページで説明している法定地上権つき建物については法令上の制限とは次元が違う話です。法定地上権つき建物の場合は、まずは当事者間の契約関係から出発して、その後、結果的に法律上設定される権利関係です。ところが、法令上の制限というのは、当事者の意思とは全く関係なく、法令上初めから不動産の利用や処分が制限されている場合の話になります。

　競売不動産を制限する法令の中で主要なものは、都市計画法と建築基準法です。

都市計画法上の制限について

　たとえば、Aという都市にB区とC区があるとします。B区は景観がよいので、美観を維持するために、大規模店舗などの進出が禁止されているとします。逆に、C区は商店街として大規模店舗などの開発を可能にする街づくりが計画されていたとします。このとき、B区に大型スーパーを進出させることはできません。これは、A都市が各々の地域の特性に照らして、より住みやすい環境づくりを政策的に施していこうという理由でB区での商業活動を規制しているからです。このような規制を正当化する根拠となる法律が都市計画法です。

買受希望者はどのような点に注意すべきか

　都市計画法上の制限に関する内容として、買受希望者は、以下に述べる程度のことは頭に入れておくべきでしょう。

① 市街化区域

　すでに市街地を形成している区域、または10年以内に積極的かつ計画的に市街化を図るべき区域のことです。

② 市街化調整区域

　市街化を抑制すべき区域のことです。

③ 非線引都市計画地域

上記①②のどちらか決まっていない地域です。

これらの区分けは、公告にも記載されていますし、詳しい説明については、役所の都市計画課に備え置かれている都市計画図で知ることができます。

次に、用途地域について説明します。都市計画法では、市街化区域を13の用途地域に分けることを定めており、用途地域は「住居系」「商業系」「工業系」の3つに大きく分けられます。商業地域・近隣商業地域が商業系、準工業地域・工業地域・工業専用地域が工業系、その他の地域が住居系です。買受希望者が、それらの細かい分類や内容のすべてを知る必要はないのですが、買い受けようとする土地がどの用途地域に当たるのか、その用途地域には建物についてどのような規制が設けられているのか、という程度は押さえておくべきでしょう。

たとえば、飲食の提供とともに従業員が客を接待するといったキャバクラ・ホストクラブのような料理店を営むことができるのは、商業

■ **都市計画法と建築基準法** ……………………………………………

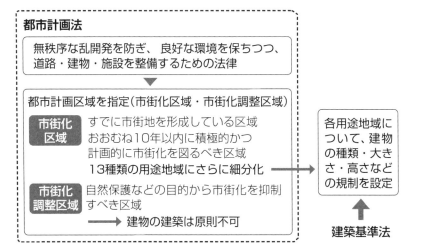

地域と準工業地域に限られます。住居系の地域も厳密には７つの地域に分けられていますが、パチンコ店の営業は第２種住居地域・準住居地域でも可能です。しかし、それ以外の住居系の地域ではパチンコ店を営業することができません。

　買受希望者がこれらの詳細を調べたいときは、役所の都市計画課や建築指導課に問い合わせてください。

■ 建築基準法上の制限について

　建築基準法とは、簡単に言うと、「建物を建てたいのなら、あなたの安全の確保はもちろんですが、社会や周りの迷惑も考えて、最低限この法律に書かれている約束事を守ってください」という法律です。

　建築基準法に書かれている最低基準によっても、建物を建てられない土地がありますので注意しなければなりません。たとえば、建築基準法は接道義務についての規制を設けています。

　接道義務とは、原則として、建物を建てる際に道路に接している敷地の幅は２ｍ以上でなければならず、かつ、その道路の幅は４ｍ以上でなければならないというものです。この条件（接道条件）を満たしていない敷地には、建物を建てることができませんので、当然安い価額が設定されることになります。

■ 建築に対する行政上の規制 ……………………………………

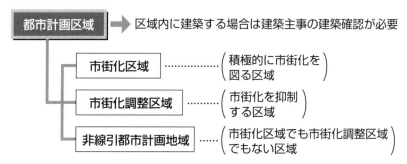

都市計画区域 ➡ 区域内に建築する場合は建築主事の建築確認が必要

　　　市街化区域 …………（積極的に市街化を図る区域）

　　　市街化調整区域 ………（市街化を抑制する区域）

　　　非線引都市計画地域 ……（市街化区域でも市街化調整区域でもない区域）

建物の種類 ＼ 用途地域	第1種低層住居専用地域	第2種低層住居専用地域	第1種中高層住居専用地域	第2種中高層住居専用地域	第1種住居地域	第2種住居地域	準住居地域	田園住居地域	近隣商業地域	商業地域	準工業地域	工業地域	工業専用地域
住宅・下宿・老人ホーム等													×
保育所・神社・診療所等													
老人福祉センター等	△	△						△					
病院	×	×						×				×	×
小学校・中学校・高校												×	×
大学・専修学校・病院等	×	×						×				×	×
図書館等													×
店舗・飲食店	×	△	△	△				△					×
事務所	×	×	×	△				×					
ホテル・旅館	×	×	×	×	△			×				×	×
自動車教習所	×	×	×	×	△			×					
倉庫業を営む倉庫	×	×	×	×	×	×							
水泳場・スケート場・ボーリング場等	×	×	×	×	△			×					×
麻雀・パチンコ店等	×	×	×	×	×	△	△	×					×
カラオケボックス・ダンスホール等	×	×	×	×	×	△	△	×			△	△	△
キャバレー等	×	×	×	×	×	×	×	×	×		△	×	×
劇場・映画館・演芸場・ナイトクラブ等	×	×	×	×	×	×	△	×				×	×
工場（食品製造業以外）	×	×	×	×	△	△	△	×	△	△	△		

無印は建築可能 ／ △は条件付きで建築可能 ／ × は特定行政庁の許可がなければ建築不可

■ 接道義務 ‥‥‥‥‥‥‥‥‥‥‥‥‥‥‥‥‥‥‥‥‥‥‥‥‥‥‥‥‥‥

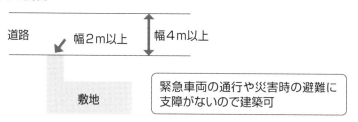

道路　　幅2m以上　　幅4m以上

敷地

緊急車両の通行や災害時の避難に支障がないので建築可

■ セットバックとは

　建築基準法42条2項で規定されている「建築基準法の施行時（昭和25年11月23日）または敷地が都市計画区域に指定された時点とのいずれか遅い時点に存在する幅員（1.8m以上）4m未満の道で、すでに建物が建ち並んでいるもの」は、専門用語で「2項道路」と呼ばれています。2項道路には、道路中心線から2m敷地を後退させるセットバック義務が課されています。セットバックとは、道路の幅員を確保するため、敷地の一部を道路部分として負担する場合の当該負担部分のことで、簡単にいえば、道路境界線を後退させることです。

　また、上記の「建物が立ち並んで（いる）」の意味については解釈運用上の争いがあり、ⓐ道に接して建築物が2個以上あればよいと考えて緩やかに解する見解と、ⓑ建築物が寄り集まって市街の一画を形成するなど機能的な重要性を必要とする見解があります。敷地に面している道路が2項道路かどうかについては、事前に役所の窓口での調査が不可欠です。セットバックについては例外もありますので、あわせて確認しておくとよいでしょう。

■ セットバックとは

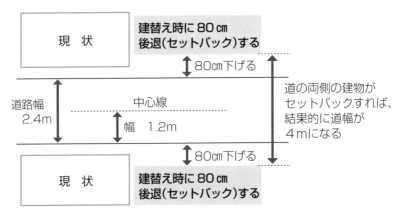

114

12 物件明細書について知っておこう

賃借権や使用借権滞納管理費などの有無がわかる

■買受希望者にとって最大の判断材料

物件明細書とは、裁判所書記官が作成する、競売物件の詳細な情報や裁判所の見解などを記載した書面のことです。3点セットのひとつであり、裁判所が提供する物件情報のすべてがここに集約されており、物件の履歴書といってよいでしょう。

物件明細書には、その競売物件の概要やどのような権利関係となっているのかという点や、買い受ける場合の注意事項などが記載されているため、買受希望者にとって、入札に参加するかどうかの決め手になっていきます。ですから、買受希望者は、まず何よりも真っ先に物件明細書の内容をチェックすることが重要です。

以下、物件明細書の読み方について、118ページの「物件明細書の例」に記載されている事項の上から順に説明します。

1 「不動産の表示」について

「現況調査報告書」の一番上の欄と同じ記載内容ですので、特に改めて説明することはありません。

2 「売却により成立する法定地上権の概要」について

法定地上権の詳しい内容については、223ページで説明しています。この欄では、次のような記載がされている場合、どのような意味を持つのかを理解しておきましょう。

① 「本件建物のためにその敷地に法定地上権成立」との記載がある場合

建物が競売対象物件の場合にこのような記載があるときは、その建物は法定地上権付き建物であるということになります。法定地上権つ

き建物は、敷地の利用権という大きな制限があることから、売却基準価額が市場価格の4～6割以上も安く設定されていることがあります。

② 「本件土地につき売却対象外建物（家屋番号○番）のために法定地上権成立」との記載がある場合

これは土地の買受希望者に対して、「あなたが土地を買い受けても、土地に建っている建物の所有者に出て行けとはいえませんよ」ということを意味しています。これでは、土地を買っても意味がないのではないか、とも言えそうですが、その代わり、建物所有者から土地利用料（地代料）を請求することができます。金額は、当事者の話し合いで決めていくことになります。

しかし、これが、以下の「4」または「5」の欄にこの記載がなされている場合は、当該建物が不法に建てられたものであることを示唆している可能性があります。この場合は、現地調査で十分確認をとっていくことが重要になってきます。

3 「買受人が負担することとなる他人の権利」について

物件明細書の記載の中で、買受希望者が特にチェックすべきなのはこの欄です。

この欄には、物件を買い受けた場合に、買受人が引き継がなければならない賃借権その他の権利等の有無が記載されます。たとえば、現在その不動産を使用している者がいる場合において、買受後も引き続き使用させる必要がある場合などは、この欄にその旨が記載されます。このような権利等が存在しない場合は、「なし」と記載されます。

4 「物件の占有状況等に関する特記事項」について

この欄には、「本件所有者（または債務者）が占有している」と記載されている場合がほとんどです。この記載自体については、何か法的に問題になるようなことはありません。

しかし、たとえば、「（土地は）Aが占有している。Aの占有権限は使用借権と認められる」との記載であれば、話は違ってきます。競落

不動産が建物の場合だと、この物件は、使用借権つき建物（232ペー
ジ）ということになります。この場合は、買受希望者が建物を買い受
けて、土地の利用権を取得しても、契約などがなければ、後になって
地主に「建物を壊して出て行け」と言われれば、それに従うしかなく
なります。

5 「その他買受けの参考となる事項」について

　この欄には、たとえば、競売物件がマンションの場合において、住
人が管理費や修繕積立金などを相当期間支払っていない場合には、
「管理費等の滞納あり」と記載されます。マンションの場合、所有者
が管理会社に管理費と修繕積立金を負担しますが、それを滞納してい
るという内容です。競売による買受人は、旧所有者の滞納管理費を引
き継ぐことになります。ですから、入札に際しては、滞納管理費まで
見積もっておく必要があります。滞納管理費については163ページで
説明します。

　その他、たとえば、「本件土地は、幅員２mの私道に面する」とい
う記載がある場合は、注意しなければなりません。なぜなら、これは
この私道が建築基準法上の道路でなければ、この土地は接道条件（112
ページ）を満たさないので、買い受けても建物を建てることはできな
いからです。たとえ、すでに建物が建っていたとしても、建て替えす
ら許されませんので注意してください。

　このような土地は非常に安く価額が設定されています。しかし、安
くなるにはそれなりの理由があるということです。

　なお、袋地についても同じことがいえます。袋地がどうかは、添付
されている図面を見ればわかることですが、この欄にはそのことを明
記していないことがあります。このような場合は、自分で調べるより
も、役所の建築指導課に問い合わせた方がはっきりします。

令和5年（ケ）第　　○○○号

物　件　明　細　書

令和5年　○月○○日
○○裁判所○○○支部民事第○部
裁判所書記官　○○○○

1　不動産の表示
　【物件番号1】
　　別紙物件目録記載のとおり

2　売却により成立する法定地上権の概要
　　なし

3　買受人が負担することとなる他人の権利
　　なし

4　物件の占有状況等に関する特記事項
　【物件番号1】
　　本件所有者が占有している。

5　その他買受けの参考となる事項
　【物件番号1】
　　管理費等の滞納あり。

< 注　意　書 >

1　本書面は、現況調査報告書、評価書等記録上表われている事実等を記載したものであり、関係者の間の権利関係を最終的に決める効力はありません（訴訟等により異なる判断がなされる可能性もあります）。

2　記録上表れた事実等がすべて本書面に記載されているわけではありませんし、記載されている事実や判断も要点のみを簡潔に記載されていますので、必ず、現況調査報告書及び評価書並びに「物件明細書の詳細説明」もご覧ください。

3　買受人が、占有者から不動産の引渡しを受ける方法として、引渡命令の制度があります。引渡命令に関する詳細は、「引渡命令の詳細説明」をご覧ください。

4　対象不動産に対する公法上の規制については評価書に記載されています。その意味内容は「公法上の規制の詳細説明」をご覧ください。

5　各種「詳細説明」は、閲覧室では通常別ファイルとして備え付けられています。

※この物件明細書は、本書にサンプルとして載せてある現況調査報告書、評価書に記載されたものとは違う物件についてのものです。

第3章

不動産の調査と
競売手続き

1 買受不動産の事前調査をする

現地調査はとても大切

■ 事件番号を確認する

　裁判所の閲覧資料室で競売不動産の資料を閲覧する場合には、「事件番号」を確認してください。たとえば、債権者が1人の債務者の建物と土地の両方に抵当権を設定している場合、その両方に競売の申立てを行う場合があります。裁判所は事件番号ごとに資料を作成しますので、この場合も物件は2件ですが、一つの事件番号が付されることになります。

　ところが、1回の申立てで2件の不動産を対象にしますので、1件の資料にもう1件の不動産の資料がセットになっていることがあります。この場合、土地と建物の両方を買い受けることが入札の条件になっていることがありますので、注意してください。ところで、資料閲覧室での閲覧料は無料になります。ただし、コピー代は自費です。これは余談ですが、1枚の白黒コピー代に30円もとる裁判所もありますから気をつけた方がよいでしょう。

■ 現地調査をする

　現地調査は、入札に参加するかどうかの最終チェックを行うために必要になります。建物の場合は、まず所有者に会って、占有状況や滞納管理費の有無、敷金承継の件について確認をとっておきます。98ページで述べたように、3点セットが作成されたのは数か月前なので、現時点で状況が変わっていても不思議はないからです。

　もっとも、占有状況を調べるだけなら、占有者に直接アタックしていく方法でもよいでしょう。それが無理なら、玄関の表札や郵便受け

の名義、もしくは、近所での聞きとりなどから情報を得るようにしましょう。管理費の滞納状況については、管理会社に電話で確認しておくとよいでしょう。

　次に、土地についてですが、接道条件と境界線の確認を行う必要があります。現況調査報告書には、公図や図面などが添付されていますが、実際に現地に行って見ておかないことには安心できません。というのは、たとえば、接道条件を微妙に無視して、不法に建てられている建物を買い受けた場合を考えればよくわかります。執行官がその点を見落として報告書を作成している可能性も否定できません。その場合、土地を買い受けても、古い建物を壊して新築することができなくなるので、買い受けるだけムダなのは明らかです。

　また、境界線についても、資料からだけでは、よくわからない部分があります。そこで、これらの事実は、所有者から直接話を聞くか、役所の都市計画課や建築指導課などに足を運んで確認をとるようにしましょう。

■ 競売物件の選択と調査 ……………………………………………

不動産の選択・調査

①選択
裁判所の掲示場とインターネットサービス、新聞などで探す

②調査
・裁判所の閲覧室で見ることができる書類
　（物件明細書、現況調査報告書、評価書）で確認する
・法務局で登記簿を確認する
・現地で調査する

■ 内覧制度の利用と問題点

　従来、競売不動産の買受希望者には、競売不動産の中に立ち入るための法的権利が全く認められていませんでした。そこには、「価額が安いのだから、買い手にリスクがあるのは当然」という暗黙の了解があったのです。しかし、「中を全く見せないで納得してください、というのはおかしいのではないか」という批判が一方でなされていました。

　そこで、平成15年（2003年）民事執行法の制定に伴い、内覧制度が創設されました。この制度の導入により、従来、法的に全く保障されていなかった不動産への立ち入りが一定限度で認められることになりました。

　ところが、この制度にはいくつかの欠陥があり、実際にはあまり活用されていません。第1の欠陥は、内覧手続きが差押債権者の申立てによってのみ行われるという点です。そもそも不動産の中を見たいと思うのは債権者だけに限らず、買受希望者も見たいだろうと考えるのが自然です。それなのに、買受希望者からの申立てを認めていないというのは不可解といわざるをえません。

　第2に、たとえ、差押債権者からの申立てによって内覧手続きが行われても、買受希望者の都合など二の次になっているという点です。つまり、基本的に裁判所主導で閲覧期日が決められて、内覧希望者がそれに従わざるを得ないというのが現状なのです。

　第3に、この制度によっても、不動産を正当に占有している者がいる場合は、占有者の同意が必要であり、同意がない場合には、もはや打つ手がなくなってしまうという難点を挙げることができます。

■ 内覧手続きの概要

　以上のように、内覧制度にはあまり大きな期待を寄せることはできません。ただ、そうはいっても、現行法上、合法的に不動産に立ち入ることができる唯一の制度ですので、以下、ざっと手続きの概略を説

明しておきます。

　差押債権者の書面による申立てがなされると、裁判所が執行官に対して内覧実施命令を発します。ただし、無条件に内覧実施命令が出されるわけではありません。占有者の占有が、買受人の買受後も合法的に引き継がれる場合には占有者の同意が必要です。

　執行官は内覧の実施日などを決めて占有者に通知するとともに、買受希望者のために公告が行われます。ただし、内覧参加申出期間は、3点セットの公開日からだいたい5日間です。内覧希望者は、申出書に必要事項を記入して、裁判所に提出します。

　なお、同伴者は認められていません。申出が認められると、内覧参加者に通知書が送付されます。内覧参加者は、実施日に身分証明書（本人と確認できる公的書類が原則）とあわせて、送付された通知書を持参しなければなりません。内覧は、執行官や補助者の立会いの下に行われます。内覧の時間は1時間程度です。

　このように、短時間不動産を見学するために、身分証明書まで持参しなければならないのが現行の内覧制度です。

■ 内覧制度のしくみ

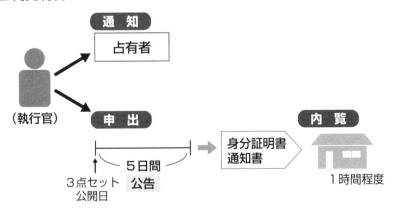

2 入札とはどんなものなのか

買受希望者自らが納得できる入札価額を模索していく必要がある

入札の現状は

　近年の不動産競売市場は縮小傾向にあります。全国の不動産競売申立件数は、令和元年（2019年）までは年々減少しつつも2万件を超えていましたが、令和2年（2020年）には、新型コロナウイルス感染拡大による緊急事態宣言によって裁判所が競売申立ての受付けを約4か月間停止していたことが大きく影響し、1万7,705件に急落しました。令和3年（2021年）は1万9,318件に回復しましたが、新型コロナウイルス感染拡大に伴う政府の支援策によって不動産を手放さずに済んだ人も多いため、不動産競売市場の縮小傾向が続いています。

　しかし、近年の東京23区の競売物件の落札率は非常に高く、再販事業者の積極的な参入によって、特にマンション価格は高騰しており、市場価格を上回る高額で落札されています。

　なお、入札件数、対象物件数、競落率については、各地域それぞれの社会的・経済的事情に違いがあります。都会と地方のライフスタイルや家族構成の違いなども考慮に入れる必要があります。また、競売不動産の価額は、地域の特性や物件の性質といった事情を考慮して決められていきます。さらに、地価も首都圏と地方とでは大きな落差があります。

　一般に、競売不動産は、市場価格の約3割程度安い価額が設定されます。そのため、売却基準価額を上回る価額で入札に参加するときは適正な市場価格を調査する必要があるでしょう。市場価格とたいして変わらない価額で落札するくらいなら、面倒な競売制度を利用しない方が賢明です。

重要なのは、全国的な平均値や合計数などに惑わされないということです。さまざまな事情を個別に考慮しながら、買受希望者自身が納得できる入札価額を模索していかなければなりません。

■ 入札価額の設定について

　入札価額の設定方法については、以下に述べる手順によるのが一般的です。

　入札できる一番低い価額は、各物件に設定されている売却基準価額の2割をマイナスした額です。たとえば、売却基準価額が2,000万円なら、最低1,600万円から入札に参加することができます。

　そこで、まず、そもそもこの物件の1,600万円から2,000万円という価額設定が妥当かどうかを調べる必要があります。一般に、競売不動産制度を利用する一番の動機は、価額が安いからです。そうだとすれば、市場価格と比べてたいして変わらないのなら、面倒な競売手続きを利用するのではなく、市場で買った方が、手間が省ける分、コストが節約できるといえます。市場価格の調べ方については、対象物件付近の不動産業者を数件回ってみるとよいでしょう。たとえば、不動産業者に競売対象物件の間取りや築年数などの条件を伝えて、これらの条件

■ 入札価額の調査の必要性 ……………………………………………

と類似した不動産を紹介してもらいます。できれば、実際に現地まで案内してもらって、中まで確認させてもらうのがよいでしょう。このような調査方法は、後の競売不動産の現地調査のときにも役立ちます。

市場価格の調査の結果、たとえば、その競売物件と類似の条件をみたす物件の市場価格が3,000万円前後であった場合には、競売不動産制度を利用してその物件を取得することを検討しましょう。

競売対象物件の売却基準価額が妥当だとして、次に、競売対象物件がマンションなどの賃貸不動産の場合には、滞納管理費の有無を調べます。なにせ所有者は借金を返済できずに競売を申し立てられている身分ですので、管理費を滞納していることは珍しくありません。しかも、その額も数百万円以上と高額の場合があります。また、占有者がいる物件の場合は、速やかに立ち退いてもらえないケースを想定して、退去費用も考えておかなければなりません。費用の額については、運び出す物の数にもよりますが、運送業者に代行させると50万円〜100万円程度かかることもあります。

これらの費用は、売却基準価額から差し引いて計算します。

次に、過去の開札データを調べて、類似の物件がいくらぐらいで落札されているかを調べます。調べ方は、裁判所の閲覧資料室か、不動産競売物件情報サイトBIT（91ページ）を利用します。インターネットを利用した検索の方が簡単ですので、こちらの方をお勧めします。この調査によって、売却基準価額の何％を上乗せして入札すればよいのかがわかります。

なお、入札金額には端数をつけた方がよいということも知っておいてください。たとえば、1,600万円きっちりで入札するのではなく、1,600万円プラス1円で入札すれば、同価額の入札者を上回ることができるのです。ここまでが入札価額を決めていく際の基本的な考え方になります。

■ 入札価額を決める前に知っておきたいこと

　ここからは、物件の種類ごとに入札価額を決めていく際の前提となる知識を説明します。

① 一戸建ての借地権つき建物や法定地上権つき建物などの複雑な権利関係が設定されている建物

　この類の物件は、権利関係が複雑で素人にはわかりにくいので、借家法などに詳しい専門家に相談をするとよいでしょう。

② 上記①の権利関係が設定されているマンション、アパートなどの建物

　入札件数は意外に多いのがこの物件の特徴です。その結果、①の物件より高めの入札価額を検討しておきたいところです。もっとも、設定されている売却基準価額が本当に適正なものなのかどうかの見極めは、他の物件に比べてかなり難度が高いということを肝に銘じておいてください。本書のさまざまな箇所で述べている注意点を頭に入れながら、現地調査を綿密に行う必要があります。

■ 貸借人が入居している建物の明渡請求の可否 ……………………

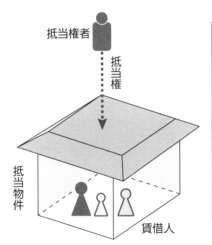

抵当権者

抵当権

抵当物件

賃借人

● 抵当権設定登記後に賃貸借契約が結ばれ賃借人が入居した場合
　→抵当権者は明渡しを求めることができる
● 抵当権設定登記前に賃貸借契約が結ばれ賃借人が入居した場合
　→抵当権者は明渡しを求めることができない
　（明渡しを求めるには立退料が必要）

③　賃借人がすでに入居している物件

　売却基準価額が高いものから安いものまでさまざまありますが、その理由は、占有状況が多様で、一概にこうだとは言えないものが多いからです。賃借人の占有状況については、物件明細書の記載から知ることができますが、大きく分けると以下の3つに分類することができます。

ⓐ　建物への抵当権設定登記前に賃貸借契約が結ばれて、当該建物に
　　入居している賃借人

ⓑ　建物への抵当権設定登記後に賃貸借契約が結ばれて、当該建物に
　　入居している賃借人

　まず、ⓑから説明していきます。

　建物への抵当権設定登記後に賃貸借契約が結ばれた場合、当該建物の賃借人は、抵当権者に対してはその賃借権を対抗することはできません。そのため、民法上、競売手続の開始前から当該建物に入居している賃借人は、当該建物の競売による買受人が買い受けた時から6か月を経過した後に、当該建物を買受人に引き渡さなければならないとされています。ただし、買受人の買受時よりも後に当該建物を使用したことの対価について、買受人が当該建物の賃借人に対して相当の期間を定めて当該建物使用の対価として1か月分以上の支払の催告をして、賃借人がその期間内に建物使用の対価の支払いをしない場合には、この6か月の明渡猶予期間の適用はありません（民法395条）。賃借人が買受人に建物を明け渡さないときは、165ページで詳しく述べますが、引渡命令によって明渡しを求めていくことができます。

　このように、買受人が立ち退きを望んでいるときは、賃借人としても無条件に出て行かざるをえません。そのような理由で、売却基準価額も特別安く設定されていません。

　なお、入札価額を決める際は、引渡命令に伴う強制執行の費用を差し引いて計算しておいた方がよいでしょう。

次に、ⓐの賃借人ですが、この場合の賃借人は抵当権者に対して建物の賃借権を対抗することができるため、買受人は当該建物に居住している賃借人を買受け後に追い出すことはできません。そのため、当該建物については非常に安い価額が設定されていることが通常です。入札者も少なく、売却基準価額ぎりぎりで勝負できる物件の種類です。合法的に出て行ってもらうことができる場合があるとすれば、期間を定めた賃貸借契約を結んでいる場合で、期間満了の場合か、もしくは期間を定めていない場合でも立退料を払って同意を求めていく場合かのいずれかになります。

④　占有者がいない物件

　非常に人気の高い種類の物件なので、売却基準価額ぎりぎりで勝負するのは難しいでしょう。できれば2割増程度に見積もって勝負していきたいところです。

■ 入札価額の決め方 ……………………………………………………

①複雑な権利関係が設定されている一戸建て	借地権割合、法定地上権割合を考慮
②複雑な権利関係が設定されているマンション・アパート	①より高めの入札価額も検討、収益性、リスクなども検討
③賃借人が入所している物件	賃借人の占有状況により左右される。通常は、賃借人を追い出すことが容易かどうかで価額が決まる
④占有者がいない物件	売却基準価額の2割増以上

3 入札と開札について知っておこう

どんな書類が必要なのか把握しておく

現在は期間入札と特別売却の方法のみ

入札方法は89ページで4種類紹介しましたが、一般的には、期間入札と特別売却によって行われます。特別売却については155ページで説明していますので、ここでは期間入札の方法を前提に説明します。

期間入札とは、54ページで述べたように、指定された入札期間中に、買受希望者が入札書を保証金とともに裁判所に持参するか、または郵送する方法によって入札を行い、開札期日において集まった入札書を開札して、一番高い価格を付けた買受申出人を落札者として決定する方法をいいます。入札期間は、今日では7～8日ぐらいに設定されているのが一般的です。

買受申出人の資格について

買受けの申出は債務者を除いて誰でもできるのが原則です。ただし、不正行為で処分された者などについては、裁判所によって申出の資格が制限される場合があります。

また、農地または採草放牧地の買受けについては、知事や農業委員会の許可をとらなければならないなどの制限があります。

保証金の提供を行う

入札を行うには、入札期間に、①保証金の振込み（納付）、②入札書類一式の提出の2点を行わなければなりません。①②のどちらの手続きを先に行うかについては、入札書類に保証金の振込みの控えを貼付しなければなりませんので、①の方を先に行う必要があります。

そこで、①から説明しますが、振込みの方法は、①金融機関に振り込む方法と、②銀行や保険会社などと支払委託契約を結んで現金の代わりに証明書を提出する方法があります。ただし、②の方法は手続きが煩雑ということもあって、実際はあまり利用されていません。そこで、ここでは、①の方法を前提に説明していきます。

振込金額は、入札申出価額に関係なく、「売却基準価額」の20％に設定されています。振込みに際しては、所定の振込用紙（136ページの振込依頼書）を使わなければならない裁判所がほとんどです。そこで、これらの裁判所では事前に入手しておく必要があります。

■ 振り込んだ保証金を後で取り戻せるか

いったん振り込んだ保証金が返還されるのは、落札できなかった場合、競売の申立人の取り下げがあった場合、競売手続が停止したり、取り消されたりした場合などです。これらの場合、入札保証金振込証明書に記載した口座に振り込まれて返還されます。

なお、最高価買受申出人となった後で代金を納付しなかった場合は、保証金を取り戻せなくなりますので注意してください。

■ 入札書類一式を作成する

入札に必要な書類は、①入札書、②入札保証金振込証明書、③資格証明書（もしくは商業登記事項証明書）または住民票などの添付書類、

■ 入札の提出方法 ……………………………………………

郵送による場合	封をした入札書入封筒と振込証明書などの添付書類をともに外封筒に封入する。そして、郵便局から書留郵便によって裁判所執行官宛てに発送する
持参による場合	入札書を、直接、裁判所執行官室に持参して提出する

④暴力団員等に該当しない旨の陳述書、⑤所定の封筒、の５点です。以下、順に説明します。

・**入札書（単独入札用、書式１）**

　右上の日付は、開札期日の日付でも認めている裁判所がありますが、なるべく書類の提出日を記入するようにします。

　「事件番号」と「物件番号」は、公告どおりに記入します。なお、事件番号の（ケ）は担保権の実行による競売で、（ヌ）は強制執行による競売（強制競売）を意味します。物件番号とは、文字通り、各物件につけられている番号のことです。

　土地と建物は、それぞれ別個のものとして扱われるので、たとえば、土地付き建物は「１、２」などと記載されることになります。その下の「入札人」ですが法人で申し込む場合は、法人の商号や代表者名などを記入して、印鑑は代表者印を押印します。ここで使用した印鑑は、落札後の手続きでも同じものを使います。代理人が入札を行うときは、代理人の氏名、押印が必要になります。この場合は、委任状も入札書類として提出しなければならないことに注意しましょう。

　なお、入札書類の提出を代わりの者が行っても、その者が代理人になるわけではありません。この場合の代理人というのは、あくまでも書面の内容について本人を代理して作成した者を指すからです。

　その下の「入札価額」は、間違いのないように記入してください。入札は１円単位で可能ですが、いったん書類を提出すると、後で変更や修正ができなくなるので注意が必要です。

　また、入札価額は、入札価額欄の記載から入札価額が一義的に明確になるように記載する必要があります。

　この点については、入札価額欄のうち、千万の位から十の位までは数字が記載されているものの、一の位の記載が漏れていた事案において、入札価額が一義的に明確でないことを理由に、その入札を無効とした最高裁判所の判例があります。

・入札保証金振込証明書

　表面の記入で注意したいのは、落札できなかった場合の返還方法を記入する際に、口座番号を間違えないように記入することです。保証金の返還は、開札期日後２～５日以内になされるのが一般的です。所定箇所には、保証金を振り込んだ際の振込みの控えを貼り付けます。

・資格証明書（もしくは商業登記事項証明書）または住民票

　入札人、つまり買受申出人が法人の場合は、資格証明書または商業登記事項証明書の提出が必要です。個人の場合は、住民票になります。いずれについても３か月以内に発行されたものでなければなりません。

・暴力団員等に該当しない旨の陳述書

　令和２年４月の民事執行法の改正により、新たに、暴力団員等に該当しない旨の陳述書の提出が、入札書ごとに必要になりました。入札時に陳述書の提出がないと入札が無効になります。

その他の書類など

　二者以上の共同で入札する場合には、共同入札用の入札書があるのでそれを使用します。さらに、共同入札買受許可申立書を併せて提出する必要があります。ただ、この申立書だけは入札の前に提出してあらかじめ許可をもらうことができます。

■ 保証の提供 ……………………………………………………………

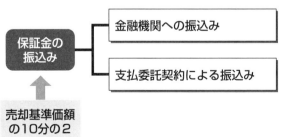

なお、共同入札できるのは、夫婦、親子、兄弟姉妹などの一定の身分関係のある者同士や、その競売物件に関わっている利害関係人（賃借人など）に限られます。

　また、農地または採草放牧地の場合には、買受適格証明書を併せて提出しなければなりません。

・入札書（共同入札用）（書式２）作成上の注意点

　共同入札用の入札書には、入札人となる者の全員分の名称を記載します。代理人がいる場合には、その代理人の氏名（または名称）についても記載する必要があります。

・共同入札買受許可申立書（書式３）作成上の注意点

　まず、事件番号、物件番号、開札期日を記載します。

　次に、申立人の氏名・電話番号・住所を記載します。その横に、それぞれの申立人が有している持分の割合を明記します。

　共同入札買受許可申立書には、それぞれの申立人の住民票を添付する必要があります。３人以上で入札を行う場合には、共同入札買受許可申立書を複数使用し、それぞれに割印をしなければなりません。

■ 受取書をもらう

　封筒の表面に開札期日、事件年月日、物件番号などを記載し、入札書だけを封筒（139ページ）に入れてのりづけをして、他の書類とともに執行官室に提出します。それと引き換えに、「受取書」を執行官から受け取ることができます。

　なお、郵送で提出する場合は、入札保証金振込証明書を折り曲げずに、その他の書類一式とともに、大きめの封筒に入れて「書留郵便」で送ります。ただし、一部の裁判所では所定の郵送用封筒を備え置いているところもあるので、郵送の際には、提出先の裁判所に問い合わせてみてください。

入 札 書 （ 期 間 入 札 ）

令和○年 3月 5日

東京 地方裁判所　　　支部　執行官　殿

| 事件番号 | □平成 ✔令和 ○年 （ ケ ）第 ○○○ 号 | 物件番号 | 1、2 |

入 札 価 額	百億	十億	億	千万	百万	十万	万	千	百	十	一
			¥ 6	8	0	0	0	0	0	0	0 円

入札人

本人

住　所（法人の所在地）
〒 152 - 8527
東京都目黒区目黒本町二丁目26番14号

（フリガナ）　タナカ　タロウ ／ カブシキガイシャ　タナカショウジ

氏　名（法人の名称等）
（個人の場合）田中 太郎 ㊞
（法人の場合）株式会社 田中商事
　　　　　　代表取締役 田中 太郎 [田中商事]

※法人の場合，代表者の資格及び氏名も記載すること。

日中連絡先電話番号　　03（5721）6395

代理人

住　所（法人の所在地）
〒 100 - 8920
東京都千代田区霞が関一丁目1番4号

（フリガナ）　スズキ　ジロウ

氏　名（法人の名称等）
鈴木 次郎 ㊞

※法人の場合，代表者の資格及び氏名も記載すること。

日中連絡先電話番号　　03（3581）5411

注　意

1　入札書は，一括売却される物件を除き，物件ごとに別の用紙を用いてください（**鉛筆書き不可**）。
2　事件番号及び物件番号欄には，公告に記載された番号をそれぞれ記載してください。事件番号及び物件番号の記載が不十分な場合は，入札が無効となる場合があります。
3　入札価額は算用数字ではっきりと記載してください。**入札価額を書き損じたときは，新たな用紙に書き直してください。**
4　（個人の場合）　氏名及び住所は，**住民票のとおり正確に記載してください。**
　　（法人の場合）　名称，所在地，代表者の資格及び氏名は，**資格証明書（代表者事項証明，全部事項証明等）のとおり正確に記載してください。**
5　代理人によって入札するときは，本人の住所（所在地），氏名（名称等）のほか，代理人の住所（所在地），氏名（名称等）を記載し，代理人の印を押してください。
6　入札書を入れた封筒は，**必ず糊付けして密封してください。**
7　一度提出した入札書の**変更又は取消しはできません。**
8　資格証明書，住民票（マイナンバーが記載されていないもの），委任状，振込証明書，暴力団員等に該当しない旨の陳述書等は必ず入札書とともに提出してください。**提出がない場合，入札が無効**となります。
9　振込証明書によって保証を提供する場合の金融機関への振込依頼は，必ず，「電信扱い」又は「至急扱い」としてください。**翌日扱い等の事由により，入札期間後に入金された場合，入札が無効となります。**

参考 入札保証金振込証明書

(期間入札振込専用) 　　　　　　　　　　　　　　　　　　　　　　東 京 地 方 裁 判 所

入 札 保 証 金 振 込 証 明 書	管理 番号	

入札保証金提出者 (買受申出人)	本 人 の 住　　所	152-8527 東京都目黒区目黒本町二丁目26番14号	事件 番号	令和 ◯ 年 (ケ) 第　　◯◯◯　　号
	フリガナ	タナカ タロウ／カブシキガイシャ タナカショウジ	物件 番号	公 告 書 記 載 の 番 号 第　　1, 2　　号
	氏　　名 会社等法人 の名称、代 表者の氏名	(個人の場合) 田中 太郎 (法人の場合) 株式会社 田中商事 　　　　　　代表取締役 田中 太郎	開札 期日	令和 ◯ 年 ◯ 月 ◯日
	連絡先電話番号	03 - 5721 - 6395 　(　　　)		

返還事由が生じたとき、この保証金は振込みにより払い渡してください。

保証金の返還請求	振 込 先 金 融 機 関 名	◯◯ 銀行 　　金庫 ×× 店 　　組合 　　営業部	口座名義人 の 住 所	152　85527 東京都目黒区目黒本町二丁目26番14号
			フリガナ	タナカ タロウ
			口座名義人 の 氏 名	田中 太郎
	預金種別	普通 当座・通知・別段		
	口座番号	1234567	連絡先電話番号	03 - 5721 - 6395 　(　　　)

受 理	年　　月　　日	執行官印	開札の結果		備考	
	振込確認年月日		出 納 官 吏　　印		種目	買 受 申 出 保 証 金
	受 入 年 月 日					

太枠内は，買受申出人が記入してください。
記入に際しては，裏面の注意事項をよくお読みください。

割印

┌─────────────────────────────────────┐
│ 金融機関の証明書（保管金受入手続添付書）の貼り付け箇所 │
└─────────────────────────────────────┘

入札保証金を執行裁判所の預金口座に振り込んだ旨の証明として、
振込みを依頼した金融機関から交付を受けた「保管金受入手続添付
書」（原本）を、このわく内に左上をそろえて貼り付けて差し出し
てください。貼り付けるときは，周囲をのり付けして，確実に貼り
付けた上，割印を押してください。
　なお，振込みについては，裏面の注意事項をよく読んで，間違い
のないようにしてください。

割印

136

書式2　入札書（共同入札用）

入　　札　　書（共同入札用）

令和 ○ 年　5 月 10 日

東京地方裁判所立川支部執行官　　殿

事件番号	令和 ○ 年（ケ）第　○○○ 号	物件番号	1

入 札 人	本 人	住所又は所在地	東京都○○○○○	
		（フリガナ） 氏名又は名称	オツヤマ ナツオ 乙山 夏夫	印
		代表者の資格及び氏名（法人の場合のみ記載）	電話○○○(○○○)○○○○	
		住所又は所在地	東京都○○○○○	
		（フリガナ） 氏名又は名称	オツヤマ アキコ 乙山 秋子	印
		代表者の資格及び氏名（法人の場合のみ記載）	電話○○○(○○○)○○○○	
		住所又は所在地	東京都○○○○○	
		（フリガナ） 氏名又は名称	オツヤマ フユオ 乙山 冬男	印
		代表者の資格及び氏名（法人の場合のみ記載）	電話○○○(○○○)○○○○	
	代理人	住　　　所 氏　　　名	電話　　　（　　）	印

入札価額	十億	億	千万	百万	十万	万	千	百	十	円
			2	2	0	0	0	0	0	1

保証の提供方法	☑ 振込証明書 ☐ 支払保証委託契約締結証明書	保 証 の 額

	十億	億	千万	百万	十万	万	千	百	十	円
				4	0	0	0	0	0	0

※必ず裏面の注意書きを参照して，誤りのないように記載してください。

共 同 入 札 買 受 許 可 申 立 書

東京地方裁判所立川支部執行官　　殿

令和 ○ 年 5 月 10 日

事 件 番 号	令和 ○ 年（ケ）第 ○○○号			
物 件 番 号	1			
開 札 期 日	令和 ○ 年 ○ 月 ○ 日			

<table>
<tr><td rowspan="9">申 立 人 ・ 持 分 の 割 合</td><td rowspan="3">1</td><td>住所</td><td>東京都○○○○○○</td><td rowspan="3">持 分
（分数で表示）
$\dfrac{1}{3}$</td></tr>
<tr><td>電話</td><td>○○○−○○○−○○○○</td></tr>
<tr><td>氏名</td><td>乙山 夏夫　　　　　　　　㊞</td></tr>
<tr><td rowspan="3">2</td><td>住所</td><td>東京都○○○○○○</td><td rowspan="3">持 分
（分数で表示）
$\dfrac{1}{3}$</td></tr>
<tr><td>電話</td><td>○○○−○○○−○○○○</td></tr>
<tr><td>氏名</td><td>乙山 秋子　　　　　　　　㊞</td></tr>
<tr><td rowspan="3">3</td><td>住所</td><td>東京都○○○○○○</td><td rowspan="3">持 分
（分数で表示）
$\dfrac{1}{3}$</td></tr>
<tr><td>電話</td><td>○○○−○○○−○○○○</td></tr>
<tr><td>氏名</td><td>乙山 冬男　　　　　　　　㊞</td></tr>
</table>

共同入札の事由	申立人の続柄	本人、配偶者、子
	入札物件との関係	
	買受後の利用予定	

添付書類	住 民 票 3 通 ・ 戸籍騰抄本 3 通 資格証明書 　通 ・ その他 　通

執行官の処分	□ 許可する □ 許可しない	平成 　年 　月 　日 東京地方裁判所立川支部 　　　　　執行官　　　　　　　㊞

＊
３人以上で入札する場合には「入札書・共同入札許可申立書」を複数お使いの上、それぞれに割印を押してください。

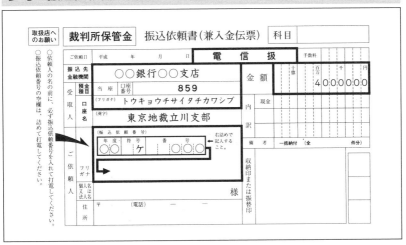

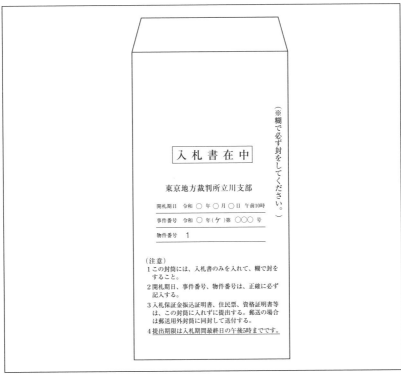

個人用　　陳述書（個人）記載要領

問い合わせ
〒152-8527　東京都目黒区目黒本町2-26-14
東京地方裁判所民事執行センター
執行官室不動産部　☎03-5721-6395

　この『陳述書』は，民事執行法第65条の2に基づき，①暴力団員等 [*1]ではないこと②暴力団員等から資金の提供を受けていないこと③自己の計算において買受けの申出をさせようとする者（裏面参照）がいる場合には，その者が暴力団員等ではないことを陳述していただく書面です。

※入札時に入札書毎に提出がないと，入札が無効となります。（追完不可）
※記載に不備があった場合，入札が無効になる場合があります。
※提出後の訂正はできません。
※共同入札の場合，買受申出人ごとに陳述書を提出してください。

*1　「暴力団員等」とは，「暴力団による不当な行為の防止等に関する法律（平成3年法律第77号）
　　第2条第6号に規定する暴力団員又は暴力団員でなくなった日から5年を経過しない者」を指します。

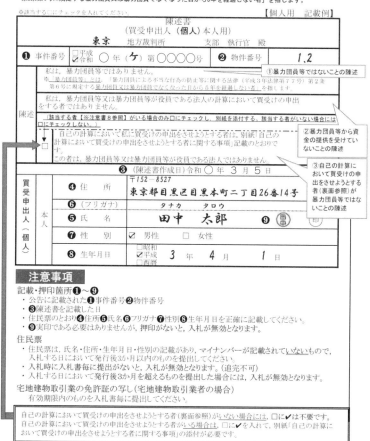

注意事項

記載・押印箇所❶～❾
・公告に記載された❶事件番号❷物件番号
・❸陳述書を記載した日
・住民票のとおり❹住所❺氏名❻フリガナ❼性別❽生年月日を正確に記載してください。
・❾実印である必要はありませんが，押印がないと，入札が無効となります。

住民票
・住民票は，氏名・住所・生年月日・性別の記載があり，マイナンバーが記載されていないもので，入札する日において発行後3か月以内のものを提出してください。
・入札時に入札書毎に提出がないと，入札が無効となります。（追完不可）
・入札する日において発行後3か月を超えるものを提出した場合には，入札が無効となります。

宅地建物取引業の免許証の写し（宅地建物取引業者の場合）
　　有効期限内のものを入札書毎に提出してください。

自己の計算において買受けの申出をさせようとする者（裏面参照）がいない場合には，□に✔は不要です。
自己の計算において買受けの申出をさせようとする者がいる場合は，□に✔を入れて，別紙「自己の計算において買受けの申出をさせようとする者に関する事項」の添付が必要です。

入札手続きについて知っておこう

■ 最も早い物件情報の公告はいつか

　買受希望者が競売不動産の具体的な情報を入手できる時期は、裁判所内の公告開始以後であるというのが原則です。さらに、今日では、裁判所内の公告開始と同時期に、住宅情報誌、新聞、ネットでも知ることができます。また、それ以前の段階で全く情報を取得できないかといえばそうではありません。一般人が最も早く競売情報にふれることができるのは、上記情報公開時より3か月〜6か月以前の配当要求終期の公告がなされたときです。

　競売手続きは、債権者が書面で裁判所に申し立てることによってはじまり、その後、競売開始決定→差押登記→現況調査命令と進んでいきます。裁判所が配当要求終期の公告をするのは現況調査命令の後になりますが、実は、この配当要求終期の公告の時点でどのような物件が申し立てられているかを最初に知ることができるのです。

■ 配当要求終期の公告とは

　債務者が借金を背負っているのは1人の債権者に対してだけとは限りません。2人、3人、と複数の債権者のために1件の持ち家に抵当権を設定してお金を借りることがあるのです。

　たとえば、債務者のAが、自分の不動産（市場価格3,000万円）を担保にしてB、C、Dそれぞれから1,000万円ずつお金を借りたとします。このときBは、Aの返済が滞っていることを理由に、Aの不動産に競売を申し立てたとします。

　この場合、裁判所は、C、Dに対して、「BがAの不動産の競売を

申し立てていますよ」と通知します。それと同時に、Bの競売の申立てが行われたことを裁判所の掲示板に掲示するか、もしくはファイルに備え置きます。これが配当要求終期の公告です。配当要求終期の公告を行うことによって、後日に不動産が落札された時に、C、Dだけでなく他の債権者らに配当要求の機会を与えることができるのです。つまり、C、Dや他の債権者らが「私たちは配当を要求します」と裁判所に申し立てると、裁判所は配当表を作成し、それに従って各債権者に配当金を分配していくことになるのです。

■ 配当要求終期の公告で得られる情報とは

以上のように、債権者の1人が競売の申立てをすると、裁判所は他の一定の債権者に通知します。さらに、裁判所内にもそのことを「公告」しますので、私たち一般人も目にすることができるようになります。ただし、この「公告」は、後に行われる、いわゆる期間入札の物件公告とは以下の①～③の点で異なります。

① 情報の公開

配当要求終期の「公告」は、インターネットと新聞では公開されません。裁判所に足を運ぶか、一部の住宅情報誌でしか目にすることができません。

② 物件の具体的な情報

この段階では、物件の具体的な内容についての情報が皆無です。

③ 売却されない可能性

その後の手続きで、申立ての取下げ、その他の理由により売却そのものが行われない可能性があります。ですから、この最初の公告段階での情報収集活動が徒労に終わることも否定できません。

ただ、以上のような難点はあるものの、債権者に競売の申立てをされているくらいですから、債務者（所有者）に金銭的な余裕がないのは確かです。そこで、物件の所有者と直接交渉して売却してもらうた

めの手段と割り切って情報収集していくのもよいかもしれません。

　任意売却のしくみや手続きについては第4章以降を参照してください。なお、本書で、以後「公告」というときは、配当要求終期の公告ではなく、後者の公告（期間入札の公告）を指すと考えてください。

■ 公告で情報を入手する

　ここまでの裁判所の手続きを概略すると、①配当要求終期の公告→②執行官が3点セットを作成→③書記官の売却実施処分と差押債権者などへの通知→④公告の開始→⑤3点セットの公開、となります。

　買受希望者が物件の有益な情報を実際に入手していくことができるのは、④の段階からといってよいでしょう。

　ただし、④の公告には住所地の記載がなく、物件を特定することができません。そこで、あくまでも希望物件の絞り込みを行うための情報として活用すればよいでしょう。

　なお、一部の裁判所では、公告開始と同時に3点セットを公開している（上記④⑤を同時に行っている）ところもあります。

■ 物件情報を集めるのにわざわざ裁判所に行く必要はない

　多くの裁判所では、期間入札の公告がなされてから約1週間後に3点セットが公開されるので、そこからいよいよ本格的な情報収集活動をはじめることになります。

　ただし、裁判所では、3点セットは1物件につき、ワンセットの資料しか置いておらず、買受希望者が複数いる場合は、当然順番待ちになってしまいます。

　3点セットは、裁判所の不動産物件情報サイトであるBIT（91ページ）で入手することが可能ですので、物件の情報収集だけのためにわざわざ裁判所に足を運ぶ必要はなく、BITを利用して必要な情報を入手するのがよいでしょう。

ただし、一部の裁判所では、インターネット上での公開を行ってい
ませんので、その場合は、住宅情報誌を活用して情報を入手するよう
にしましょう。

■ 特別売却に関する情報を入手するには

　特別売却というのは、買受希望者が現れずに入札期間が満了した物
件につき、先着順で売り出される場合のことをいいます。とにかく確
実に購入したいという人は、この特別売却物件に狙いを定めていくの
もよいでしょう（特別売却の詳しい説明は155ページ）。

　特別売却物件については、期間入札満了後、裁判所が特別売却の実
施命令を行い、後日、価額や方法について公告が行われることになっ
ています。

　もっとも、一部の裁判所では、公告の中ですでに実施期間を記載し
ているので、この場合は早い段階での情報収集が可能になります（入
札期間満了日の翌日から、１週間〜１か月間がほとんどです）。

■ 情報の入手時期 ………………………………………………………

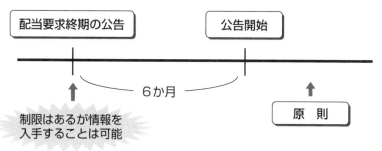

5 売却の公告が行われるまでの流れ

公告内容が変更されることもある

■ 売却の公告がなされるまでの流れ

　これまで説明してきた手続きの流れを裁判所側の視点から概略すると、次のようになります。

① 差押債権者から競売の申立てがなされる

② 裁判所書記官が法務局に差押登記の嘱託をする

③ 差押登記が設定される

④ 裁判所は、執行官に現況調査を、評価人には不動産評価を行うように命令する

⑤ 各々の成果を現況調査報告書、不動産評価書という書面で提出させる

⑥ それに基づいて書記官が物件明細書を作成する

　書記官が、入札実施の具体的な売却スケジュールを決定・公告していくのは、その後になります。

　売却の公告とは、買受希望者が競売不動産の概要についての情報を入手できるようになった状況のことを意味します。公告は入札日の2週間前までに行わなければならないことになっています。公告がなされる場所は、裁判所の掲示場または掲示板の他に、不動産所在地の市区町村役場の掲示場になります。

　その他にも、日刊新聞、住宅情報誌、インターネットの不動産競売情報サイトBITでも公告内容を閲覧することができます。ただし、いったん公告された内容が、後に変更されることもあるので注意してください。たとえば、売却期日の延期や変更が、債権者からの申立てあるいは裁判所の職権によってなされることがあるのです。

開札から売却許可決定までの流れ

執行抗告の申出がなければ買受人が決定する

■ 最高価買受申出人が常に買受人になるとは限らない

　開札日に最高価買受申出人が決定しても、その瞬間からその者が競売不動産の買受人になれるわけではありません。最高価買受申出人に買受けの資格があるのか、3点セットの記載に誤りがないか、などといった点について、裁判所が改めて審査をして、その者に競売不動産を売却するか否かを決定することになっているからです。

　また、物件の利害関係人に意見陳述の機会を与えるために、後日、売却決定期日が開かれることになっています。通常、1週間以内に行われます（ただし、農地または採草放牧地の場合は1週間経過後）。この場合、裁判所は日時などを差押債権者と債務者に通知することになっています。

■ 売却許可決定が下りても、まだ正式な買受人とはいえない

　最高価買受申出人に不動産を買い受ける資格がないといった特別な事情がない限り、裁判所は売却許可決定を行います。

　売却許可決定が下されれば、直ちに買受人が代金の納付を行い、それによって所有権移転登記が行われるのかというと、そうではありません。売却許可決定から1週間は、競売物件の所有者などからの異議申立てが認められることになります。この異議申立てを執行抗告といいます。

　執行抗告については157ページで詳しく説明していますが、これは「本件の競売手続きは、違法性が疑われるので調べてくれ」という、主に競売物件の所有者からの申立てをいいます。

執行抗告の申出があると、その当否の判断が下されるまで1か月ぐらいかかることもありますので、買受人としてはその間待つしかありません。

　期間内に執行抗告の申出がなければ、売却許可決定が確定します。これにより、最終的に買受人が決定し、代金納付期限（東京地裁の場合、通常は売却許可決定の確定の日から約1か月以内の日）が指定され、買受人に通知されます。

■ 売却許可決定 ……………………………………………………………

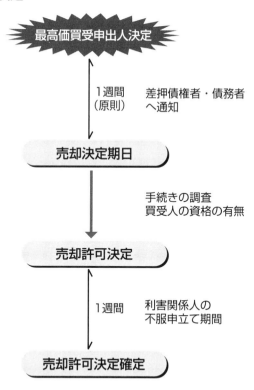

代金の納付と登記の移転

代金を納付した後は裁判所によって登記の嘱託が行われる

■ 代金の納付はどのように行うか

　売却許可決定が確定すると、代金納付通知書が買受人に郵送されてきます。代金納付期限は、通常、売却許可決定の確定日から1か月程度先の日時が指定されています。したがって、売却許可決定が確定してから、おおよそ1か月以内に代金を納付しなければならないと考えておけばよいでしょう。代金の納付は、指定された出頭日に裁判所で納付するのが原則です。ただし、一部の裁判所からは、通知書と共に金額が記載された振込用紙が送られてくることもあります。

　なお、買受人本人が配当を受ける資格がある債権者の場合、買受人は代金全額を納付した後、後日、裁判所から配当金が交付されることになります。もっとも、このような回りくどい方法を回避するために、差引納付の申出が認められています。

　差引納付というのは、代金から配当額を差し引いた残額だけを納付する方法です。差引納付をするときには差引納付申出書（151ページ）を提出します。ただし、差引納付の申出は、売却許可決定確定前にしなければならないので、注意してください。

■ 代金納付手続きの注意点

　代金納付手続きの出頭の際に買受人が持参すべきものとして、入札書に押した印鑑、代金納付期限通知書、住民票（個人の場合）、資格証明書（法人の場合）、買受物件の最新の不動産登記事項証明書、買受物件の固定資産評価証明書、郵便切手があります（個々の事案や裁判所によって異なることはあります）。この中でも特に注意しておき

たいのは、固定資産評価証明書です。この証明書は、不動産の所有者が税務事務所で発行してもらうことができます。

しかし、買受人はまだ代金を払っていませんので、所有者ではありません。そこで、買受人の立場で発行してもらうには、代金納付期限通知書を提示することが必要になります。

また、代金納付期限の延長は、天災などの特別な事情がある場合を除いて認められません。ただし、期限を前倒しして納付することはできます。早く代金を納付して不動産を我が物にしたいという買受申出人のために認められているというわけです。その場合は書記官に事前に相談するようにしてください。代金を納付すると、約2〜3週間後に登記済権利証または登記識別情報が買受人に送られます。

■ 代金納付 ・・

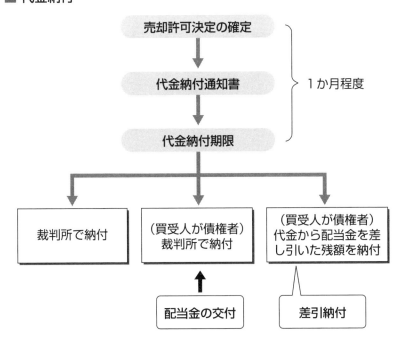

■ 裁判所による登記の嘱託

　代金が納付されれば、競売不動産の所有権は買受人に移転し、裁判所は、管轄法務局の登記官に対して、買受人への所有権移転登記の嘱託をします。また、裁判所は、競売不動産上の権利等の登記について、買受人が引き受ける権利以外についてはすべて抹消するよう嘱託を行います。これを受けて、管轄法務局は、所有権移転登記と、抹消すべき賃借権や抵当権などの抹消登記を行います。

■ 金融機関のローンを利用する場合は

　以前は、競売物件を手に入れるには、買受けと同時に担保権の設定登記をすることができず、買受人に所有権移転登記がなされた後でしか担保権の設定登記ができませんでした。

　しかし、より多くの人が競売に参加することができるように、平成10年（1998年）に競売円滑化法が制定され、それに伴い民事執行法が改正されて（民事執行法82条2項）、ローンを組んで買受けをすることがしやすくなりました。つまり、買受人に所有権移転登記をするのと同時に、担保権の設定登記もできるようになったのです。

　手続きとしては、買受人と融資をする金融機関が共同して指定した弁護士または司法書士が、裁判所から所有権移転登記の嘱託書の交付を受けて、買受人への所有権移転登記を申請するとともに、抵当権などの担保権設定のための登記申請もすることになります。

　この手続きを利用する場合、買受人と金融機関は、弁護士または司法書士を指定した上で、連名で裁判所に対して申し出ることになります。この申し出は「民事執行法82条2項の規定による申出書」（次ページ）と「指定書」（153ページ）を作成、提出して行います。提出の際には、資格証明書や担保権設定契約書のコピーを添付します。

書式4　差引納付申出書

差　引　納　付　申　出　書

東京地方裁判所民事第21部　御中

　　　令和○年　3 月18日

　　　　　　買受申出人　住　所　**東京都○○○○○○**
　　　　　　　　　　　　氏　名　**甲山　春夫**　　　　　　　印

　　債権者　**甲山　春夫**

　　債務者　**乙野　次郎**

　　所有者　**乙野　次郎**

　上記当事者間の御庁令和○○年（ケ）第　○○○号担保不動産（強制）競売事件について，下記のとおり買受代金と配当を受けるべき金額との差引納付の申出をする。

記

　　　不動産の表示　　別紙物件目録記載のとおり

　　　買受申出の額　　金 18,000,001 円

　　　代金納付の方法　買受人が売却代金から弁済を受けるべき額と差し
　　　　　　　　　　　引く方法により代金納付に代える。

　（注）売却許可決定確定までに提出すること（民事執行法78条4項）。
　※　物件目録を別紙として添付してください。

民事執行法82条2項の規定による申出書

東京地方裁判所民事第21部裁判所書記官　殿

令和○年4月10日

東京都品川区平塚4丁目1番3号

申出人（買受人）　広田　　豊　㊞

東京都渋谷区上原4丁目5番1号

申　　出　　人　　株式会社神山銀行

代表者代表取締役　西原　明夫　㊞

　貴庁令和 ○年（ケ）第○○○○号不動産競売事件について，申出人（買受人）広田　豊と申出人株式会社神山銀行との間で，別紙物件目録記載の不動産に関する抵当権設定契約を締結しました。

　つきましては，民事執行法82条1項の規定による登記の嘱託を，同条2項の規定に基づき，申出人の指定する下記の者に嘱託書を交付して登記所に提出させる方法によってされたく申し出ます。

記

申出人の指定する者の表示及び職業

　　　東京都渋谷区上原5丁目3番2号山田司法書士事務所

　　司法書士　　　　山田　智子

　　　（電話03－××××－××××）

添付書類

　　1　資格証明書　　　　　　　1通

　　2　抵当権設定契約書写し　　1通

以　　上

書式6　指定書

指　定　書

東京地方裁判所民事第21部裁判所書記官　殿

令和○年4月10日

東京都品川区平塚4丁目1番3号

申出人（買受人）　　広田　　豊　㊞

東京都渋谷区上原4丁目5番1号

申　出　人　　株式会社神山銀行

代表者代表取締役　　西原　明夫　㊞

　申出人は，貴庁令和　○　年（ケ）第○○○○号不動産競売事件の別紙物件目録記載の不動産について，民事執行法82条2項の規定に基づき，嘱託書の交付を受ける者として下記の者を指定します。

記

申出人の指定する者の表示及び職業

　　　東京都渋谷区上原5丁目3番2号山田司法書士事務所

　　　　司法書士　　　山田　智子

　　　（電話03－××××－××××）

以　　上

8 次順位買受けの申出について知っておこう

最高価買受申出人の申出額マイナス保証金額以上で入札していたことが条件

■ 次順位買受けの申出とは

第1位の落札者（最高価買受申出人）が代金を納付しない場合は、次の順位の者が買受けの申出をすることができます。これを次順位買受申出の制度といいます。ただし、次順位者に買受資格が認められるには、最高価買受申出人の申出額マイナス保証金額以上で入札していたことが条件になります。

たとえば、最高価買受申出人が2,000万円で買受けの申出をしていた場合、保証金として納めている額は2割の400万円です。そうすると2,000万円〜400万円で1,600万円ですから、次順位者が1,600万円以上で入札していた場合に限って買受資格が認められます。

なお、次順位買受けの申出は、売却の実施終了までに行う必要があります。

■ 次順位買受申出の制度 ···

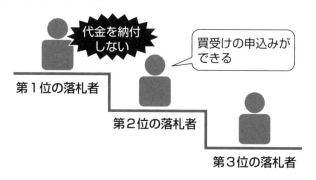

代金を納付しない

第1位の落札者

買受けの申込みができる

第2位の落札者

第3位の落札者

154

9 特別売却について知っておこう

先着順なので早く保証金を納めなければならない

特別売却とは

特別売却とは、期間入札で期間中に買受申出人が現れなかった場合に期間経過後に先着順でその物件を販売する方法のことをいいます。いわば売れ残りを処分していくようなものですが、だからといって、安く売り出されるわけではありません。価額は期間入札と同じ売却基準価額ですが、先着順である点が期間入札と異なります。

実施方法は裁判所によって異なりますが、期間入札の公告の時点で日時などがすでに記載されている場合がほとんどです。たとえば、東京地裁の場合は公告の中で、売却決定期日のすぐ下に特別売却実施期間（1か月以内）を記載しています。

特別売却物件の購入方法

特別売却物件といっても、基本的に期間入札の場合とほとんど違いはありません。買受申出人が個人の場合は、住民票（法人の場合は資格証明書）、印鑑、身分証明書、申込書が提出書類になります。保証金は執行裁判所が決めます。ただし、保証金は、振込ではなく現金で納めてください。なぜなら、振込で納めた場合、裁判所の入金確認の前に第三者が裁判所で現金を納めると、そちらの方が優先してしまうことがあるからです。特別売却物件は先着順ですので、一番早く保証金を納めた買受申出人が、事実上落札者扱いになるということを覚えておいてください。

では、買受申出人が複数いる場合で、その者たちが同時に申し出た場合は、買受順位をどのように決めていくのでしょうか。ここでいう

「同時」とは、第三者の買受申出人と全く同時刻に保証金を納めたという不自然なケースを想定しているわけではありません。特別売却期間の午前10時に、執行官室に買受申出人が複数いるケースを意味するものと考えてください。こうしたケースはそれほど多くはありませんが、この場合は抽選で先順位者を決めていくことになります。

その後は期間入札の売却期日以後の流れと同じになります。保証金を納めると、まもなく通知書が送られてきますので、後は通知書の記載通りに行動していけばよいということになります。

■ 特別売却でも買受人がいない場合は

特別売却の実施期間は、裁判所によって異なりますが、通常1週間から1か月間です。この期間内でも買受申出人が現れない場合、裁判所は売却基準価額の見直しを行います。その2～3か月後に新たな売却基準価額で期間入札が実施されることになります。

新たな売却基準価額は、最初の価額より安く設定されるのが一般的ですから、狙い目といえるかもしれません。このように、再度の期間入札まで待ち続けるという戦略もあります。

■ 特別売却物件は狙い目である

特別売却物件は市場価格の3割安の物件を確実に購入することができる方法ですので、一度検討してみることをお勧めします。もし狙うとすれば、どのような戦略をとればよいのでしょうか。一番確実なのは、開札期日に足繁く裁判所に通うことです。そこで、当初から狙いをつけていた物件が売れ残ったことを確認したら、即座に購入準備にとりかかりましょう。

10 執行抗告について知っておこう

執行抗告を申し立てられると明渡しまで時間がかかる

■執行抗告とは

執行抗告というのは、「この競売手続きは違法であると考えるので、裁判所の方で調べてほしい」と、主に債務者と所有者が裁判所に申し立てる異議申立てのことをいいます。法律上は、買受人からの申立ても認めていますが、ほとんどは所有者側（債務者だけでなく占有者も含む）の明渡し交渉の手段として使われているのが実情です。執行抗告は、売却許可決定から1週間以内に執行抗告状（159ページ）を提出して申し立てることができます。

■執行抗告の申立てがあると手続きが進まなくなる

執行抗告の申立人は、執行抗告を申し立てた日から1週間以内に理由書を提出しなければなりません。これを怠ると申立ては却下されます。ただし、理由書が提出されても、明らかに申立ての理由がないと認められると、1か月以内に、地方裁判所で却下されてしまいます。

申立てに多少の理由があると認められると、高等裁判所で（書面）審理することになるので、判断に2、3か月もかかることがあります。この執行抗告について、裁判所から最終的な判断が下されない間は、売却許可決定が確定しません。売却許可決定が確定しないと、買受人は代金を納付することができないので、所有権も取得することができません。

買受人が注意しておきたいのは、執行抗告の申立て→却下→売却許可決定→代金納付→所有権取得の過程で5か月近くもかかる場合があるということです。

さらに、後述する引渡命令や明渡訴訟まで行って実際に明け渡してもらうとなると、半年以上を費やすことになるでしょう。落札を喜んだのもつかの間、実際に住めるのはその半年も先になる場合があるということを知っておいてください。一般の不動産取引とは異なる競売不動産の側面のひとつといえます。

　ただし、言うまでもないことですが、競売不動産を買い受ければ、常に以上のような面倒な過程をたどるというわけではありません。法律上、このような事態も起こりうるということを説明しているだけですので、問題なくスムーズに手続きが進むことも多いです。

　なお、165ページで説明している引渡命令などについても、このような状況に備えての対処方法を説明しているものですので、過剰に不安になる必要はありません。

■ 執行抗告の手続き

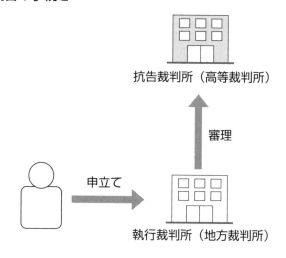

執 行 抗 告 状

令和○年○月○日

○○地方裁判所　御中

　　　　　　　　　　　住所　東京都○○○○○○
　　　　　　　　　　　抗告人　甲山春夫　　　印
　　　　　　　　　　　電　話○○○─○○○─○○○○

　○○地方裁判所平成○○年（ケ）第○○号不動産競売事件につき、同地方裁判所が令和○年○月○日に言い渡した売却許可決定に対し、執行抗告をする。

抗 告 の 趣 旨

　原判決を取り消し、○○○○に対する売却を不許可とする裁判を求める。

抗 告 の 理 由

　追って、理由書を提出する。

11 買受後にはどんな問題があるのか

居住用、販売用、投資用それぞれに注意点がある

■ 裁判所は引渡しの責任まで負うわけではない

買受人が、買受後（落札後）に代金を納付すると、物件の所有権が買受人に移転します。それと同時に、裁判所は、法務局に嘱託登記を依頼しますが、その約2〜3週間後に、登記済権利証または登記識別情報が買受人に送られてきます。その時点で、買受人と裁判所の関係は終わりです。言い換えると、裁判所は買受人に対して競売物件を現実に引き渡す義務まで負ってはいないということです。また、仮に引渡しがスムーズに行われたとしても、買受け後の問題はそれだけにとどまりません。

たとえば、居住用目的で買い受けて引渡しを受けたが、占有者がなかなか立ち退いてくれないという問題があるかもしれません。ただし、投資目的の買受けなら、現在適法に占有している賃借人を無理に追い出す必要はありません。

そこで、買受後の問題は、居住用物件、販売用物件、投資用物件の三者に場合分けして考えていく必要があります。もっとも、居住用物件と販売用物件については、両者とも物件の明渡しが問題となるという意味においては、買受人の対応に違いはありません。

そこで、以下では、居住用物件、販売用物件の場合をまず説明し、その後、投資用物件について述べていくことにします。

■ 居住用・販売用物件を買い受けた場合

居住用や販売用の物件を買い受けた後は、所有者や占有者らに一刻も早く出て行ってもらう手続きを進めていきたいところです。ただし、

それが可能かどうかは、買受人が引き受ける権利の内容によって異なります。

　仮に、物件にとどまることができる権利が何もないのに、所有者ら（正確には元所有者らですが）が明け渡しに応じない場合には、任意に出て行ってもらうよう話し合っていくことになります。彼らがそこにとどまる法的根拠がなくても、状況によっては、一定額の立退料を払って出て行ってもらうことを検討してもよいでしょう。この点は後述する「件外物件」の立退きの場合と同じです。ただし、交渉が決裂したら、速やかに裁判所による引渡命令や明渡し訴訟を活用して行くしかありません。それらの内容については、233ページで説明します。

■ 投資用物件を買い受けた場合

　前述した通り、賃料（地代）収入をあてにして買い受けた場合は、現に居住している賃借人を追い出す必要はないでしょう。

　一方、賃借人を退去させたい場合、注意しなければならないのは敷金の返還です。

　賃貸借契約が抵当権設定登記前に締結され、かつ、賃借人が建物の引渡しを受けているなど賃貸人に賃借権を主張できる場合には、競売

■ 買受後の問題点 ……………………………………………

居住用物件	所有者・占有者に退去してもらう
販売用物件	やむを得ない場合には、立退料を払って、退去してもらう 最終的には、裁判を行う
投資用物件	占有者（賃借人）に退去してもらう必要はない 買受人は賃借人の地位を引き継ぐ 敷金の返還義務がある 建物の修繕義務がある

によって所有者が変わっても賃借人は引き続き、新所有者に対して賃借権を主張することができます。そのため、新所有者（買受人）は賃借人に対して敷金返還義務を負うことになります。

　もっとも、たいていのケースでは、賃貸不動産の建設の際に銀行等からローンを組んで建物を建設しているため、建物建設時点で抵当権が設定されており、その後入居する賃借人の方が先に対抗要件を備えることはありません（賃借人の入居は抵当権の設定より後、ということになります）。ただし、法律的には買受人が敷金返還義務を引き継ぐことはあり得るため、気をつける必要があるでしょう。

　敷金の額などについては、3点セットを見ればわかることですが、入札前に改めて確認すべきでしょう。なぜなら、3点セットの物件明細書をみると「所有者は、敷金○○円を主張している」などと、確定した金額を明記していないことがあるからです。これは所有者が、競売妨害目的から過大な敷金を主張している物件であることを警告している記載だと認識しておいてください。

　なお、敷金の額は、地域によってかなり大きな差があります。たとえば、関東近辺は家賃2か月分ぐらいが相場ですが、関西近辺は6か月以上というのも珍しくありません。

　敷金の呼び方も地域によってさまざまですが、法律的には、賃貸借契約終了後に賃借人に返還が予定されているのはすべて敷金とみなされます。

■ 賃貸人の地位を承継した場合

　賃貸人の地位を承継するということは、買受け後は賃借人に賃料を請求できるということを意味します。賃料の額は、従前と同じです。具体的な金額は、3点セットに記載されているはずです。買受け後に賃料が下がっている、などということはあってはいけません。その場合は、裁判所に金額の調停を申し出るべきです。

なお、賃貸人の地位を承継すれば賃貸人の権利を取得するだけでなく、義務も承継することになります。

　たとえば、配水管が破裂して大修繕が必要だということになると、賃貸人は全額を自腹で負担して修繕しなければなりません。

　つまり、こうした義務は前所有者との間の契約条件に関わりなく、法律上当然に新賃貸人の義務になります（ただし、トイレの故障などの軽い修繕費まで負担しなければならないかどうかは、前所有者と賃借人間の契約条件がどうだったかによります）。

　さらに、賃貸借関係が複雑な場合にも注意が必要です。賃貸されている建物を買い受けた場合には、買受人は建物の所有権とともに賃貸人の地位も取得します。このときに、元の建物所有者と賃貸人が同一人であれば特に問題はないのですが、別人である場合は注意が必要になります。

　たとえば元の建物所有者がA、転貸人がB、賃借人（転借人）がCという場合は、Bの素性を確認するようにしてください。この場合のBはAC間の賃貸借関係に強引に割りこんできた悪質業者の可能性があるからです。つまりBは適法な転貸借契約を装って、AC間の契約関係に介入して、Cから数か月分の賃料を前納させている場合があるのです。

　その場合、買受人はせっかく賃貸人たる地位を取得しても賃借人Cからしばらく賃料をとれないことになってしまいます。

　そこで、買受人としては3点セットの記載内容を過信することなく、現地調査によってこうした事実を明らかにしていくことが必要になってきます。

▌滞納管理費の確認について

　滞納管理費がある場合、117ページで述べたように、買受人が引き継いで負担することになります。

３点セットには滞納管理費の有無や合計額が記載されていますが、これは調査時点（売却基準価額の評価時点）のものであることから、３点セットに「滞納管理費なし」と記載されていても、その後に滞納管理が発生している場合や、３点セットに記載されている滞納額よりも増加している場合もあり得ます。

　そのため、入札に際しては、３点セットの確認だけで済まさずに、該当不動産の管理会社に問い合わせることなどによって、買受人自身で滞納管理費の有無や金額を調査・確認しなければならないというのが現実です。

■ 複雑な賃貸借関係 ……………………………………………………

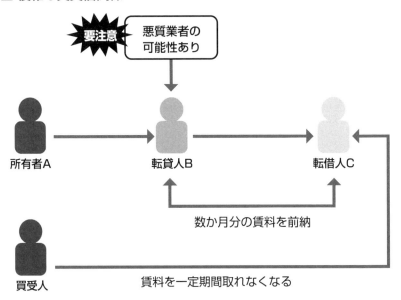

12 競売不動産の引渡命令について知っておこう

競売不動産の不法占有者に対して行われる裁判所の命令である

■ 引渡命令とは

引渡命令とは、競売不動産の買受人が代金を納付してその所有権を取得した後に当該競売不動産について不法に占有を続けている者がいる場合、裁判所が、その者に対して、「買受人に引き渡せ」と命令する手続きです。

たとえば、抵当権設定登記後に入居している賃借人は、買受人の買受後、6か月間は居住者としての立場が保証されています。

ただし、どの道出て行かなければならない居住者ですから、立退料を払えば、今すぐに出て行ってもらえる可能性のある人たちということができます。そこで、合意によって立退料を払ったのに、指定期限までに出て行かないという賃借人も「不法」占有者ということになるのです。

このように、不法占有者に該当するのは、明白な執行妨害目的を持った占有屋に限りません。

■ 競売不動産を引き渡してもらうためには

買受人にとってもっとも望ましいのは、不法占有者に自ら進んで出て行ってもらうことです。買受け後に「○月○日までに出て行ってください」と事前に通告するだけで素直に出ていってもらえるのなら楽でよいのですが、そうは問屋が卸さない場合があります。

そこで、次に「○月○日○時までに明け渡しのための話し合いをしたい」と通告して交渉の機会を持つことになります。

交渉の席では、もしもの時に備えて、相手方の発言内容はもちろん、態度や室内の状況も正確に観察して、後で記録しておく必要がありま

す。その交渉の過程で、相手の出方から、すんなり出て行ってもらえそうかどうかをうかがい知ることができるはずです。そこで、相手の態度などからどうも自発的な退去は望めそうもないと思われる場合には、後日再び交渉を行い、立退きの具体的な条件などを聞いて改めて相手の出方をうかがいます。

　交渉が決裂したら、いよいよ裁判手続きを活用することになります。

　そして、後日になっても、立退きの指定期限まで居座っている場合は、引渡命令の申立てを行うことになります。

　ただし、引渡命令は、占有者に自発的に出て行ってもらうように手続きをするだけです。そこで、占有者が居直って出て行かなければ、強制執行という強力な手続きを選択していくことになります（168ページ）。

■ 保全処分を活用する

　開札期日に最高価買受申出人が決まっても、直ちに所有権がその者に移転するわけではありません。法律上、買受人が競売不動産の所有権を取得できるのは代金納付時になりますが、その期間は開札日から早くても2か月近くはかかります。仮に、所有者から執行抗告の申立てがなされると、3、4か月以上かかってしまいます。

　心配なのは、その待機期間中に、物件の占有者が執行妨害目的で建物を取り壊すなどの可能性があるということです。また、代金納付後は、引渡命令によって対処できますが、占有者が高額な立退料を要求してくると、実際の引渡しが困難になる場合も考えられます。

　そこで、こうした事態を未然に防ぐために、占有者らに物件の使用をやめるよう裁判所に申し立てることができますが、それが保全処分です。保全処分の申立てが認められると、占有者らは物件の利用ができなくなります。また、引渡命令の相手方は物件の所有者と占有者ですが、保全処分の申立てをしておけば、その後の占有者に対しても対処することができるようになります。

ところで、借地権上の建物の差押債権者が、地代料を肩代わりするのも広い意味の保全措置といえます。

　しかし、これは差押債権者のための保全措置であり、買受人が利用する制度ではないので説明を省略します。もっとも、物件明細書に「地代代払いの許可あり」と記載されていれば、建物買受人にとってありがたい内容だという結論だけは覚えておいてください。

■ 引渡命令の申立人と申立ての相手方について

　引渡命令を申し立てることができるのは、代金を納付した買受人です。いかがわしいと思われる占有者に対しては、落札後直ちに申し立てておきたい所ですが、そうはいかないということです。ですから、落札後は、前述した保全処分の申立てをすればよいでしょう。

　次に、引渡命令の相手方ですが、所有者（債務者）または占有者が原則です。占有者に対して申立てをするには、占有者を具体的に特定しなければなりません。ですから、占有者が短期間に入れ替わると、占有者を特定することが難しくなり、引渡命令が困難になることが予想されます。この点、先の保全処分の申立てをしておけば、氏名不詳

■ 競売不動産の引渡命令 ……………………………………………

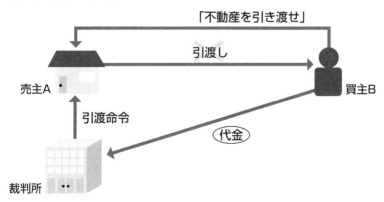

の占有者に対しても対処できるようになります。

　引渡命令を申し立てるには、申立書（不動産引渡命令申立書）を提出するだけでかまいません。書式は裁判所によって異なりますが、どこもだいたい同じような内容になっています。申立て後は、特に問題がなければ書面審査だけで命令を取得できるはずです。

■引渡命令の手続きについて

　引渡命令が発令されたのに、占有者が自発的に退去しないときは強制的に立ち退いてもらうしかありません。この手続きを強制執行手続きといいます。強制執行手続きは、①債務名義を取得する→②執行文の付与を受ける→③送達証明書を取得する→④前述の①から③までの書類をそろえたら、強制執行の申立てを行う→⑤執行官と強制執行日時などの打ち合わせを行う→⑥執行官が占有者に1か月以内に退去するよう催告する→⑦それでも退去しない場合は、現場に立ち入って、強制的に立ち退かせる、という流れになっていきます。

　以下、これらの内容を具体的に説明していきましょう。

①　債務名義を取得する

　債務名義という日本語はわかりづらいですが、これは、「強制執行の申立てを認めますよ」という文書のことをいいます。ここでは、引渡命令を認めた文書を指します。

②　執行文の付与を受ける

　①の文書だけで強制執行はできません。書記官に対して、「強制執行を認めるお墨つきの文書をください」と申し立てます。これを執行付与の申立てといいます。

③　送達証明書を取得する

　債務名義が相手方に送達されていないと強制執行は実施できません。そこで、書記官の「送達しました」という証明文書の交付を受けておく必要があります。

④　強制執行の申立てを行う

　①②③の書類を添えて、執行官宛に強制執行の申立てを書面で行います。執行費用は裁判所によって異なりますが、だいたい５万円から８万円程度です。

⑤　執行官とうちあわせをする

　事前に執行官と相談して日時の調整などを行っておきます。

⑥　執行官の催告

　強制執行といっても、断行日を定めて、いきなり実施するわけではありません。１回目は執行官が現地に直接行って、「○月○日までに家財道具などを運び出して退去するように」と占有者に催告するだけです。これを明渡し催告の制度といいます。通常は、約１か月間の猶予を与えることになります。この催告を受けた占有者は、第三者に占有を移転することを禁止されます。なお、仮に、第三者に占有を移しても、後日の強制執行には支障はありません。

⑦　強制的に立ち退かせる

　指定期限までに占有者が退去しなければ、いよいよ強制執行を実施します。執行官や執行補助者、立会人、搬送業者らと建物の中に入って、占有者を立ち退かせます。入り口に鍵がかかって入れない場合は、解錠できる業者を呼んで開けてもらうことになります。占有者を退去さ

■ **占有者の入れ替わり（執行妨害）**……………………………………

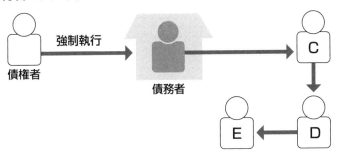

せた後は、家財道具や荷物をすべて搬出して、業者のトラックに積んでいきます。その際、搬出した物の目録を作成したり、現場の作業手順を指示していくのは基本的に執行官らです。目録を作成する理由ですが、搬出した物は、とりあえずは占有者に所有権があるので、後でとりにこられたときに紛失の事実があると問題になるからです。もっとも、執行官の判断で、直ちに売却手続きをとることも認められています。

　しかし、買い手が誰も現れなければ、買受人が買い取るか、執行官に廃棄処分をお願いすることになります。

　いずれにせよ、それらの費用は、後日、占有者に請求することができます。なお、業者の選定や人員の確保などは、あらかじめ買受人の方で手配しておかなければなりません。この点、裁判所によっては、業者の名簿を備え置いている所もあるようです。

■ 占有者に対して強制執行費用を請求する

　強制執行にかかる費用の額は、荷物などの量にもよりますが、搬送業者を使うと50万円から100万円近くかかる場合もあります。

　もっとも、これらの費用は、本来買受人が負担すべき筋合いのものではありませんから、当然、相手方に請求していくことになります。

　ただし、実際は、執行費用を相手方が支払うことは少ないようです。

■ 立退きの手順 …………………………………………………………………

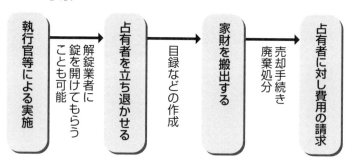

執行官等による実施
　解錠業者に錠を開けてもらうことも可能

占有者を立ち退かせる
　目録などの作成

家財を搬出する
　売却手続き廃棄処分

占有者に対し費用の請求

令和○年(ケ)第○○○号

収入印紙
５００円×
相手方の数

不動産引渡命令申立書

○○地方裁判所　御中

　　令和○年５月２５日

　　　　　　　申立人(買受人)　　**甲山 春夫**　　印

　　　　　　　当事者の表示　　　別紙当事者目録のとおり
　　　　　　　不動産の表示　　　別紙物件目録のとおり

申 立 て の 趣 旨

　　相手方（ら）は申立人に対し，別紙物件目録記載の不動産を引き渡せ。

申 立 て の 理 由

1　申立人は，頭書事件において上記不動産を買い受け，平成○○年５月８日に
　代金を全額納付した。
2　相手方乙野次郎は，上記不動産を占有しているが，申立人（買受人）に対抗
　することができる権原を有しない。
3　よって、申立ての趣旨記載の裁判を求める。

当　事　者　目　録

〒　○○○－○○○○
　申立人　住　所　東京都○○○○○○

　　　氏名　甲山 春夫

〒　○○○－○○○○
　相手方　住　所　東京都○○○○○○

　　　氏名　乙野次郎

〒　　　－
　相手方　住　所

　　　氏名・名称

〒　　　－
　相手方　住　所

　　　氏名・名称

(※)法人の場合は，法人の名称のほか，代表者名も記載すること。

13 競売不動産を購入した場合の税金

登録免許税、不動産取得税、固定資産税、都市計画税などの納付が必要

登録免許税

　競売不動産の買受人は、代金を納める際に、併せて登録免許税を納める必要があります。登録免許税とは、不動産の権利関係に関する登記の申請をするときにかかる税金です。そのため、入札時には登録免許税は発生しません。

　競売不動産の所有権移転登記に関する登録免許税の額は、当該不動産の価額（課税額）に２％を乗じた額となります。不動産の価額とは、当該不動産の評価額（固定資産税評価額）のことです。

　また、たとえば、競売不動産に設定されていた抵当権設定登記や差押えの登記などを抹消する際にも、登録免許税の納付が必用となります。その額は、原則として、不動産の個数×1,000円です。

　なお、令和６年３月31日までにマイホーム用に住宅を買い受けた場合は、登録免許税率が２％から0.3％に軽減される優遇措置があります。この軽減措置を受けるためには、市区町村役場から証明書（「住宅用家屋証明書」）を入手しておく必要がありますが、詳しいことは各々の窓口で問い合わせてください。

不動産取得税

　不動産取得税とは、不動産を取得した時に、不動産が所在する都道府県に納める税金です。前述の登録免許税が国税であるのに対して、こちらは地方税（都道府県税）の扱いになります。

　不動産取得税については、宅地等の土地の場合は評価額（固定資産税評価額）の２分の１が課税価格となり、建物の場合は評価額（固定

資産税評価額）が課税価格となります。これらの課税価格に、原則として４％を乗じた額が不動産取得税の額となります。なお、令和６年３月31日までに住宅として取得した建物については、３％の軽減税率が適用されます。また、令和６年３月31日までに取得した宅地等の土地については、評価額が２分の１に減額され、さらに３％の軽減税率が適用されます。

　不動産を取得すると、後日、都道府県税事務所から不動産取得税の納税通知書が送られてきます。詳しいことは都道府県税事務所に問い合わせてください。

■ 固定資産税

　固定資産税というのは、土地や建物などの所有者が、その評価額をもとに算出される税額を市区町村に納める税金です。固定資産税を市区町村に納める者は、その年の１月１日現在の固定資産課税台帳に登録されている人ということになっています。ですから、その年の固定資産税は（次に述べる都市計画税も同じ）、４月中旬～５月頃に前所有者が負担することになります。

　税額は、通常、課税標準額（固定資産税評価額）×1.4％で計算されます。なお、住宅用地の課税標準額は、最大で評価額の６分の１に軽減されるという特例があります。

■ 都市計画税

　都市計画税とは、市区町村が都市計画事業を行うための税金で、固定資産税と一括して納税しなければなりません。固定資産税と異なるのは、税額が課税標準額（固定資産税評価額）×0.3％である点と、住宅用地における軽減措置が、原則として評価額の３分の１もしくは３分の２であるという点です。

第4章

任意売却のしくみ

1 任意売却の手続きについて知っておこう

■ 利害関係人の合意が必要

　任意売却は、強制的に行われる競売とは異なって、所有者が売却の意思をもっていることが前提になります。任意売却の対象となる不動産には複数の抵当権が設定されていたり、他の権利が関係している場合があります。また、不動産の所有者とは別に賃借人などの占有者がいる場合もあります。あるいは、対象となる不動産が債務者個人の名義ではなく、他の所有者との共有名義になっている場合もあります。

　任意売却を行う場合には、対象不動産を中心として利害関係を有する多数の人が存在しているケースがほとんどです。このような対象不動産の売却によって影響を受ける人を利害関係人といいます。

　任意売却を成功に導くには、すべての利害関係人の合意を得る必要があります。合意を得ると一言で言っても、ただ任意売却を行うことについてだけ合意を得られればよい、というものではありません。

　まず、利害関係人が債権者の場合、いくらで売却するのか、売却代金からいくら配分されるのか、いつまでに配分された金額がもらえるのか、といった自身の債権回収に関連する内容について検討の上、合意することになります。

　次に、不動産の占有者の場合には、そのまま占有を続けてよいのか、それとも立ち退かなければならないのか、立ち退いた場合には、立退料をもらえるのか、立退料をもらえるとすれば、いくらもらえるのか、そしていつまでに立ち退かなければならないのか、といった条件について合意できるかどうかを判断することになります。

　最後に、共有不動産の場合は、共有者全員の同意を得る必要があり

ます。たとえば、対象不動産が夫婦共有名義で、その後離婚が成立した場合において、共有者である元配偶者と連絡が取れない、あるいは売却に応じないといったケースを散見します。このような状況では任意売却の手続きを進めることができないため、離婚前に不動産の処分についても十分に話し合いをしておく必要があります。

■ どんな手続きをするのか

　任意売却を行う場合のスケジュールは、大きく分けて、①利害関係人の事前の合意に向けた準備に関する手続き、②買受人を探し出して取引を行うまでの手続き、③取引当日の手続き、に分けて考えると理解しやすいでしょう。

①　利害関係人の事前の合意に向けた準備に関する手続き

　①の段取りが必要になるのは、任意売却を行うためにはすべての利害関係人の同意が必要だからです。そして、この同意を得るためには、さまざまな条件をリストアップした上で、一人ひとり、個別に確認をとっていかなければなりません。

　事前準備をきちんと終えておけば、任意売却の手続きの半分以上は終えたと言っても過言ではないでしょう。事前準備の段階では、債権者・債務者・所有者・賃借人といった利害関係人の実態調査と、抵当不動産の現況調査を行います。これによって抵当不動産を取り巻く環境を把握します。

　次に、抵当不動産の調査時点での資産価値について査定を行い、売却による回収見込額を見積もります。以上の資料をもとにして、いよいよ各利害関係人の意向を確認して、売却の手続きが完了するまでの期間、予定している売却価格、売却により回収した金額の配分方法について同意をとりつけます。すべての利害関係人の同意を得られたら、②の段階に進みます。

②　買受人を探し出して取引を行うまでの手続き

まずは、①で合意に至った条件で買い受けてくれる買受希望者を探します。買受人が見つからない場合や条件面で折り合いがつかない場合には、売却価格の見直しを行います。売却価格を見直すと決めた場合には、それに応じて配分の調整を行い、利害関係人にその事実を伝えて同意を得るようにします。

　買受人が決まり、売却に関する条件が整ったら、最終的な合意をまとめた上で、取引の日時・場所や、取引当日の段取りを決め、③の取引当日の手続きに臨みます。

③　取引当日の手続き

　買受人の意思確認、利害関係人の調整が終わったら、買受人との間で売買契約書にサインします。取引当日の手続きは、対象不動産の売却、抵当権解除（対象不動産に設定されている抵当権を抹消すること）、抹消登記手続きと売却代金の受取・配分、を同時に行います。

　これらの手続き自体は１日で終わらせることになりますが、行わなければならない手続きが多いので、利害関係人が多い場合には、事前に必要書類を確実にそろえておく必要があります。取引当日は手際よく進めるためにも、司法書士に立ち会ってもらうとよいでしょう。

　契約書に署名押印をし、契約書に基づいて買受人が債権者に代金を支払い、続いて利害関係人に配分表に基づいて支払いを行います。

■ **任意売却手続きの流れ** ………………………………………………

物件所有者の同意　▶　物件の調査　▶　買受希望者の意思確認　▶　利害関係人の調整　▶　売買契約の締結　▶　買受人の代金支払い　▶　配分表に基づく支払い

2 任意売却をするためにはどんな要件が必要なのか

所有者が売却する意思を有し利害関係人が同意していることが前提

■ 所有者の売却意思と利害関係人の同意が必要

任意売却は、抵当権が設定されている不動産（抵当不動産）を処分する権限を持つ人の売却意思がなければ実現ができません。抵当不動産の処分権限を持っているのは、通常は抵当不動産の所有者ですが、所有者が破産手続きを進めている状況の場合には、破産管財人が処分権限を持っています。したがって、破産管財人が選任されているケースでは、その破産管財人の協力を得る必要があります。

また、抵当不動産の処分権限を持つ人の売却意思や協力を得ることができたとしても、そもそも買受希望者がいなければ、任意売却を行うことができません。したがって、不動産の買受希望者がいること、もしくは買受希望者を探し出せる見込みがあることも、任意売却を行う前提条件だといえるでしょう。

さらに、任意売却を行った場合に影響を受ける利害関係人の協力を得ることも必要です。利害関係人とは、任意売却を行う抵当不動産について権利を有している人です。たとえば、その抵当不動産に質権や他の抵当権が設定されている場合には質権者や他の抵当権者、不動産に仮差押がなされている場合には仮差押を行った人、抵当不動産が賃貸に出されている場合には借り受けている人（賃借人）が利害関係人に該当します。その他、任意売却後に債務が残る場合には、その支払義務が保証人（連帯保証人も含む）にも残ることから、このときは保証人も利害関係人に該当します。

売却価格も重要です。予定している売却価格が妥当な金額な場合には、利害関係人の同意や協力を得やすくなります。

■ 協力が得られない場合や同意が得られない、買受人がいない場合

　任意売却をスムーズに行うためには、利害関係人の協力や同意が必要になります。また、そもそも買受人がいなければ、売却自体が成立しません。そのため、任意売却に同意しない人がいる場合や、買受人がいない場合には、その人が同意しない理由や、買受人がいない理由を探って、可能な限りの対応をする必要があります。

　たとえば、抵当建物の任意売却を検討している場合で、その抵当建物に賃借人が適法に居住しており、その賃借人が引越しを渋って同意をしないようなときには、立退料の支払いを提示することで任意売却への同意を促す、といった方法をとることになります。

　また、買受希望者がすでに見つかり、売却価格などの条件について、ある程度見通しが立っている場合には、任意売却を行った方が競売よりも金額面などでメリットがあることを伝えるだけでなく、すでに買受人候補がいることも伝えると、利害関係人をより説得しやすくなります。

■ 任意売却の条件　……………………………………………………………

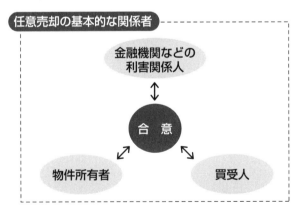

3 任意売却のメリットについて知っておこう

債務者・抵当権者・買受人それぞれにメリットがある

■ それぞれの立場から見たメリット

　債務者としては、任意売却による代金の方が競売よりも高額である可能性が高いため、より多くの債務を弁済することができる、というメリットがあります。ただし、その不動産を債務者自身が所有していて実際に住んでいるような場合、任意売却の成立により生活の場を失う可能性もあるため、債務者にとってむしろ大きいのは、競売と異なり対外的に公にせずに手続きを進めていくことができる点にあるといえるでしょう。

　一方、抵当権者ですが、抵当権者としてはなるべく手間をかけずに多くの債権を回収できることを望んでいるのが通常です。したがって、利害関係人間の調整をスムーズに済ませることができる場合には、競売より早く、高額で売却できる任意売却の方が、抵当権者が得られるメリットはより大きいといえます。

　また、買受人にとっては、競売とは異なり、迅速かつ確実に不動産を買い受けることができる、というメリットがあります。たとえば、対象不動産が建物の場合で、その建物に賃借人がいる場合、競売では建物賃借人に買受人の買受後6か月の明渡猶予期間が認められているため、代金納付後すぐに明渡しを求めることができない可能性があります。これに対し、任意売却が成立する段階では、明渡時期などについて事前に建物賃借人にも同意が得られていることから、代金支払いととともに明渡しがスムーズに行われ、すぐにでも居住することができるというわけです。

■ どんな効果があるのか

　抵当不動産を競売ではなく任意売却によって処分した場合、一般的に、より市場価格に近い金額で売却されることが多いため、抵当権者が回収できる金額も競売よりも大きくなるのが通常です。

　特に、抵当権者が1人ではなく、複数人いた場合、先順位の抵当権者はともかく、後順位の抵当権者にとっては、回収額に大きな違いが出る可能性があります。たとえば、時価5,000万円の不動産について、4,000万円の第1抵当権と1,000万円の第2抵当権が設定されていたとします。この不動産を5,000万円で任意売却することができた場合、第1抵当権者、第2抵当権者ともに債権を全額回収できることになります。

　一方、同じ不動産を競売にかけ、3,000万円で落札された場合には、第1抵当権者は3,000万円しか回収できず、残りの1,000万円は未回収となります。さらに、第2抵当権者に至っては、1円も回収することができない結果となってしまいます。このように、抵当権者が複数いる場合には、任意売却によって時価に近い価格で売却することができれば、競売によって時価の6～7割程度で落札された場合に比べると、債権回収という側面から見て、大きな効果があるといえます。

■ 売却価格と債権回収 ・・・

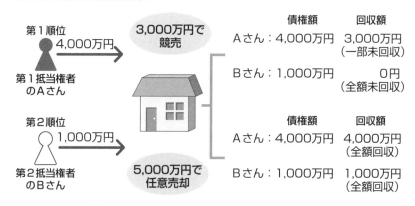

182

4 任意売却のデメリットについて知っておこう

手続きや利害関係人間の調整についての基準がない

■ 法律の規定がないので問題もある

　任意売却は、手続きに時間がかかる競売と比べると、迅速で高額な債権回収が可能となる点で非常に大きなメリットがあります。しかし、手続きに時間がかかるという競売のデメリットも、裏を返せば手続きについて法律で細かく定められており、基準が明確だというメリットにつながります。その一方、こうした明確な基準がないことが、任意売却のデメリットだといえるでしょう。また、競売の場合には任意売却とは異なって、裁判所が主体となって執行を行うため、確実に実行されるという点で安心ですが、任意売却を成立させるためには、関係者が自発的に動いていくしかありません。そうしたことから、任意売却の場合には、売却代金の配分について関係者の間でもめたり、価格や配分比率を決定するときに不正が行われたりすることがあります。

■ どのような解決法があるのか

　任意売却については、法律で手続きが定められていないため、強制力がありません。任意売却の手続きについて定めた法律がないということは、たとえば、利害関係人すべての同意や協力を得るための基準などが法律で定められていないことを意味します。債権者などの利害関係人との交渉は、複雑かつ繊細で、忍耐力を要しますから、債務者が一人で行うには心理的に大きな負担となります。そして、交渉が成功する保証がないことから、交渉が難航した場合には、債権回収を急ぐ抵当権者が競売を申し立ててくる可能性が高まります。さらに、任意売却では、主に債務者（任意売却を主導する人）が自ら買受人を探

し出さなければなりません。また、内覧を実質不要とする競売とは異なり、任意売却では買受希望者が内覧を申し出た場合に応じることが重要で、その内覧への立会いが必要になってきます。

　このように、裁判所が主体となって手続きが進行していく競売とは異なり、任意売却では利害関係人との交渉や調整、買受人の募集や内覧への立会いなど、主に債務者が主体となって手続きを進めていかなければならない、というのが大きなデメリットとなっています。

　そのため、任意売却を得意とする不動産業者に任意売却の手続きを依頼するのも一つの方法です。不動産業者が債務者の代わりに買受希望者を探し出し、利害関係人との交渉や調整の窓口となってくれるので、債務者の負担が軽減されます。不動産業者に依頼した場合は仲介手数料などが発生しますが、これは売却代金から控除できますので、債務者の現実の負担はゼロといってよいでしょう。

　もっとも、利害関係人が少なく、抵当権者などの債権者が協力的な場合には、債権者と積極的に連絡を取り合いながら手続きを進めていければ、スムーズに任意売却を成立させることが期待できます。この際、「売却代金をいくらにするか」「配当はそれぞれいくらにするか」について、事前に各債権者の債権額を洗い出した上で、売却代金の決定・配分方法につき各債権者と十分に話し合って、互いに協力し合える関係を築きあげるようにしましょう。どうしても利害関係人の同意が得られず、抵当権などの担保権が抹消できない場合には、先に売却手続きを進め、その後に買受人により抵当権消滅請求権を行使してもらうことで、担保権を抹消できる場合もあります（206ページ）。

　仮に交渉が難航し、競売手続きが申し立てられたとしても、競売における売却基準価額によっては、それまで任意売却に協力的でなかった債権者が、任意売却に応じる姿勢を見せることもあります。交渉が難航しても競売を回避できる手段は残されていますから、あきらめず粘り強く交渉を続けるようにしましょう。

5 任意売却する前につかんでおきたいこと

不動産の現況と利害関係人の状況・意向を確認する

■ 事前に売却までのリミットを決めておくことも大切

　任意売却は、事前の準備と利害関係人間の調整が大きなポイントとなりますが、その調整の場で、いつまでに売却を終える予定なのか、明確にしておいた方がよいでしょう。特に利害関係人が多い場合には、それぞれの事情もありますから、事前に売却期限についても合意しておく必要があります。所有者（債務者）や債権者としては、任意売却の対象不動産をなるべく高く売却したいと思うのが通常です。また、債務者が対象不動産に住んでいる場合には、退去をなるべく後に引き延ばしたいと考えがちです。当初はすぐに売却して引き渡すつもりでも、時の経過とともに状況や心理が変化するのはよくあることです。

　ただ、債務の弁済を滞らせると、その分だけ弁済を受けられない債権者の債権額が膨らむことになり、早急に債権を回収しようと、債権者が対象不動産の競売を申し立てることになりかねません。このような事態が生じないためにも、あらかじめ売却期限を定めておくことが大切です。また、万が一、定めておいた期限までに売却ができなかった場合についての対応も、あらかじめ決めておくようにしましょう。

■ 利害関係人の意向も確かめる

　任意売却を成功させるためには、利害関係人に該当する人をすべて洗い出さなければなりません。その際、利害関係人が有する債権がどんなに少額であっても、事前に任意売却を行うことを説明し、同意と協力をとりつける必要があります。利害関係人というと、抵当権者などの債権者や、抵当不動産の賃借人などが思い浮かびますが、税金（国税

や地方税の他、国民年金なども含みます）の徴収について、税務署や地方自治体の動きも押さえておく必要があります。税金を滞納している場合も、滞納者の不動産が差し押さえられることがあるからです。実際に差押えがなされると、差押えを解除してもらわない限り、任意売却を行うことは実質的に不可能になります。また、自己破産をしても税金（租税債権）については免責されません。したがって、税金の滞納による差押えを受けていない場合は、税金の支払いを最優先させるべきです。

■ 税金の滞納により差押えがされている場合

　税金の滞納により、すでに対象不動産が差押えを受けている場合、任意売却を行うことはできないのでしょうか。

　税金の滞納により不動産の差押えがなされると、その不動産が最終的には公売により売却され、売却によって得られた代金は滞納分の税金に充当されることになります（この一連の手続きを滞納処分といいます）。公売とは、競売と類似したしくみを持つ制度ですが、競売が債権者の申立てによって裁判所が手続きを行うのに対し、公売は国税局や地方自治体など、差押えをした公的機関が自ら強制的に差押え物件を売却するのが大きな相違点となります。

　公売が行われてしまうと、任意売却を行うことができなくなります。ただし、税金の滞納によって対象不動産が差し押さえられたとしても、税金（租税債権）に優先する抵当権が設定された債権（被担保債権）などがある場合には、差し押さえた対象不動産から税金を回収するのが困難であるという事実を証明することで、差押えの解除を求めることができます。これを「無益な差押え」と呼びます。具体例を挙げて「無益な差押え」を考えてみましょう。

　たとえば、対象不動産の市場価格が1,000万円で、住宅ローンを担保するために設定された第1抵当権者の被担保債権（住宅ローン）の残額が1,500万円、さらに第2抵当権者の被担保債権の残額が500万円

残っている場合、対象不動産は明らかにオーバーローン物件であり、この状態で税金の滞納による差押えがなされても、税金の滞納分を回収することは不可能です。このように配当を得る見込みのない状態で差押えを行うことを「無益な差押え」といい、無益な差押えの解除は、国税徴収法で定められており、差押えに対して配当できないことを証明できれば認められます。

なお、租税債権と抵当権者の被担保債権との優劣は、「法定納期限」（租税公課を納付すべき本来の期限のことで、納税通知書に記載されています）と抵当権設定登記の先後で決せられます。たとえば、法定納期限よりも前に抵当権設定登記がされていれば、抵当権が優先し、逆に抵当権設定登記が法定納期限の後であれば、租税債権が優先します。

無益な差押えを解除するためには、差し押さえられた不動産の所有者の名義で、「差押解除申立書」を所轄の国税局など差押えをした役所に提出する必要があります。この申立書には、鑑定評価書（不動産鑑定士によって作成された信頼性の高い文書で、国土交通省が定める不動産鑑定評価基準に基づいて評価対象不動産の適正な価格が記載されます）、登記事項証明書、共同担保目録、債権の残高証明書など、無益な差押えに該当することを客観的に証明できる書類を添付します。そして、このままでは税金を得られない状況であることを説明した上で、任意売却に同意して解除料を得た方がメリットがあることを説明し、同意を促すようにします。特に滞納している税金が市町村（東京23区内は東京都）に納付する固定資産税である場合には、競売されると長い間にわたり固定資産税が納付されないこと、素早く任意売却を成立させれば、新しい買受人によって固定資産税が納付されることを主張するのがよいでしょう。

なお、無益な差押えであることを主張したのにもかかわらず、役所側が差押えの解除に応じないときは、差押えを行った役所に対し不服申立てを行ったり、あるいは裁判所に対し差押えの取消しを求める訴訟を提起することが可能です。

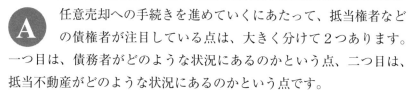

A 任意売却への手続きを進めていくにあたって、抵当権者などの債権者が注目している点は、大きく分けて2つあります。一つ目は、債務者がどのような状況にあるのかという点、二つ目は、抵当不動産がどのような状況にあるのかという点です。

　まず、一つ目の債務者の状況についてですが、たとえば、債務者が事業を営んでいる個人または会社などの法人で、倒産するには至っていない場合には、債務者の事業の状況について調査が行われます。具体的には、利害関係人の有無やその人数、債務者が負っている債務額やその内訳などがチェックされます。その際、従業員の動向、取引先の状況、金融機関の動きやその思惑なども調査されることになります。一方、債務者が倒産している場合には、債務者自身の資産と負債、倒産の原因、事業を再建する意思があるのかどうかなどが調査の対象になります。

　上記の調査で利害関係人がいると判明した場合には、利害関係人の意向（任意売却に協力的かどうか）の確認が行われます。抵当不動産の所有者が債務者ではなく第三者（物上保証人）である場合には、物上保証人の状況や意向も確認されます。

　次に、2つ目の抵当不動産の状況についてですが、登記事項証明書などの書類に記載された内容の確認（書類上の調査）が行われるとともに、実際の不動産の現況の確認も行われます。不動産の現況を正確に把握するためには、書類上の調査と現地調査の双方が欠かせないからです。

　たとえば、書類上の調査の結果、抵当不動産の所有権が他人に移転していることが判明した場合には、現在の所有者の協力を得られない可能性が出てきますので、債権者としては、競売による債権回収も視野に入れて行動する必要性が生じます。

　また、実際に現地に赴いたところ、抵当不動産の経年劣化が想定以

上に進行しており、修繕に多額の費用がかかることが判明したという場合もあります。建物に抵当権を設定した時から長い年月が経過しているケースでは、経年劣化で建物自体の価値が著しく下がっていることが珍しくありませんから、債権者側も特に注視をすべき部分といえます。

　なお、抵当不動産の現地調査により占有者の存在が判明した場合には、債権者は、その占有権原の有無（適法な賃借人なのか不法占有者なのか）や占有者の意向（立退料を支払えば任意売却に応じるかなど）を確認します。また、抵当不動産に債務者が住んでいる場合にはその生活状況、賃貸に出している抵当不動産の場合には大まかな空室率、抵当不動産が事業用の場合には従業員の状況や工場の稼働率など、さまざまな部分について債権者はチェックの対象としています。

　このような調査の結果、最終的に債権者が得たい情報は、「現在売却したらどの程度の価格になるのか」という通常の不動産市場の相場と、「仮に競売にかけた場合にどの程度の価格で落札されるのか」という競売市場の相場です。双方を見積もっておくことで、任意売却の話がまとまりそうにもない場合に競売へと切り替えるタイミングを判断したり、その情報を有効に使って利害関係人への説得を行ったりするわけです。

■ 調査のポイント

債務者の状況の調査	抵当不動産の状況の調査
・債務者の事業の状況の確認 ・債務額の把握 ・社員、取引先、金融機関の動向の確認 ・物上保証人の同意が得られるかどうか	・占有者やその占有権原の有無、占有者の意向の確認 ・経年劣化の程度や修繕の必要性の確認 ・登記事項証明書の記載内容の確認 ・回収見込額の算定

Q 夫婦でペアローンを組んで住宅を購入しましたが、離婚することになった場合、ペアローンで支払う物件はどうしたらよいのでしょうか。

A 通常、夫婦によるペアローンは、夫婦それぞれが借主として１本ずつローンを組み、借入額の割合に応じて、夫婦それぞれが自宅の持分を共有します。離婚によって、たとえば、妻が自宅をでて、夫が住み続けることになった場合は、夫が妻の持分を買い取り、その代金を妻は自分のローンの返済に充てます。しかし、売却代金で妻のローンが完済となっても、ペアローンの場合は、通常、お互いが相手のローンの連帯保証人になっているため、夫がローンの支払いを滞れば、連帯保証人である妻に返済義務が生じます。

　また、売却代金だけでは妻名義のローンを完済させることができない場合は、妻の分のローンも含めて新たに借り換えができれば、妻は自身のローンだけでなく、夫名義のローンについても連帯保証人から外れるので、自宅についての支払義務はなくなります（夫の借り換えで妻が連帯保証人から外れる点は、前述した売却代金で妻のローンが完済となった場合も同様です）。ただし、夫に１人でローンを返済するだけの収入があるかなどの審査が必要となりますので、金融機関に問いあわせてみるようにしましょう。

　名義を変えずに共有のまま、離婚後も互いにローンを返済することもできますが、返済中に一方が死亡したり行方がわからなくなったりするとトラブルの原因になりますので、離婚に際しては、自宅の名義をどちらか一方に変更しておくのが無難です。

　ローンを滞納すれば金融機関から自宅が差し押さえられ、強制的に競売にかけられる危険性があります。ローンの支払いが難しい場合は、自宅の任意売却を検討しましょう。競売よりも任意売却の方が売却金額が高くなり、それだけローンの残額を減らすことができるからです。

第5章

売却交渉と
売却手続きの流れ

■ 誰が主導するかで違ってくる

　任意売却を主導する役割を担う人は、個々のケースにより異なりますが、抵当不動産の所有者（主に債務者）または抵当権者（債権者）のいずれかが主体となるケースが多いようです。あるいは、所有者と抵当権者が協力し合いながら、進めていくケースもあります。

　所有者が主体となって進めるケースでは、抵当不動産の所有者が自分で買受人を見つけて交渉を行い、売却額と各利害関係人への配分を決めた上で、すべての利害関係人に伝えることになります。よい条件で売却する場合やすべての債権者が納得できる程度の額を回収できる見込みがあれば、各利害関係人の協力も得やすいでしょう。一方で、利害関係人が多い場合や権利関係が複雑な場合には、所有者が単独で任意売却の手続きを進めるのは困難です。話がまとまらない場合には、裁判所の調停制度を利用する方法がとられることもあります。

　これに対し、抵当権者が主体となって手続きを進める場合、任意売却を成功させるには所有者の同意が不可欠です。したがって、抵当権者が買受人を見つけ、売却額と配分を決めていく場合であっても、その都度所有者に進捗状況を説明し、協力してもらえるようにしなければなりません。また、他に利害関係人がいる場合には、その同意を得る必要がありますから、他の利害関係人にも随時進捗状況を説明していかなければなりません。抵当権者が所有者から委任状をもらって売買契約を代行する場合には、事前に所有者との間で売却条件について確認して書面に残しておくようにするとよいでしょう。

　任意売却をスムーズに進めるためには、所有者・抵当権者のいずれ

かが単独で進めるよりも両者が協力して進めた方がよいでしょう。特に両者が密に連携して進めていくことで、自己の利益を得ようとしている整理屋や暴力団などの介入を防ぐこともできます。

■ 抵当権者の集会が行われることもある

　利害関係人の数が多く、抵当不動産をめぐる権利関係が複雑なケースにおいては、抵当権者などの利害関係人が参加する集会が開かれることもあります。このようなケースでは抵当不動産の現況を確認し、利害関係人の意向を確認する労力が甚大なものとなるため、所有者や抵当権者が単独で手続きを進めるのが難しいことが多いからです。

　集会においては、抵当不動産を売却する際の占有者（賃借人など）の取扱いや、売却した代金の配分について、各利害関係人が自身の希望に添わせることをねらった言動に終始する可能性が高くなります。このような場をまとめていくためには、債権者に対して立場の弱い債務者ではなく、大口の債権者や金融機関に積極的に関与してもらう必要があります。

■ 売却交渉を進めるときの注意点 ……………………………………

抵当権者

抵当権者の売却交渉
・所有者に状況を説明しつつ、売却交渉を進める
・所有者から売却に関する委任状を受け取る際に、売却条件を確認しておく

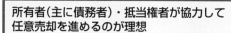
所有者（主に債務者）・抵当権者が協力して
任意売却を進めるのが理想

所有者

所有者の売却交渉
・債権者などの利害関係人を納得させることができる売却先を探す
・話がまとまらない場合には裁判所の調停などを活用する

■ 任意売却をするには

　債権者に「任意売却をしたいです」と告げても、債権者が簡単に任意売却に同意することはありません。債権者は、競売よりは任意売却を好みますが、一番に望んでいるのは、担保をとったまま債務者が債務（住宅ローンなど）を支払い続けることです。そのため、担保が消えることになる任意売却に簡単には同意しないでしょう。

　そこで、任意売却を希望する債務者としては、約定に違反することになりますが、債権者に「任意売却をした方がよいと」思わせるために、債務の支払いを遅延するのも一つの手段です。

■ 任意売却を切り出すタイミング

　自宅を維持したままでは債務の返済が困難になった場合には、銀行や保証会社などの債権者から自宅の競売を申し立てられる前に、債務者から任意売却を切り出した方がよいでしょう。その場合、買受人と買受額も決めておくと、債権者との交渉もスムーズに進みます。

　ただ、銀行などの債権者としては、任意売却を切り出したことで、債務者の財産状況が悪化したことを把握し、さまざまな対策を取ってくることが予想されます。そのため、任意売却を提案するときは、十分な準備をしておくべきです。

■ ローンの支払を停止させることもできる

　債務者が任意売却を検討する原因のひとつに「住宅ローンの支払いができない」があります。その場合、任意売却の提示を銀行などの債権者

にした際に、ローンが支払えないことも伝えておくとよいでしょう。ローンを支払えないことと任意売却をしたいことを債権者に伝えておけば、その後、ローンを支払わなかったとしても、債権者から催告状などが送達されなくなる可能性があります。債権者としては、対処方法を考えている段階なので、事実上、ある程度の支払いの猶予がなされるのです。

　しかし、任意売却の成立後は、住宅ローンの残額が確定しますので、その残額を支払う必要があり、支払いが困難な場合は債務整理（場合によっては破産手続き）を検討することになります。

■ 競売後に任意売却を提案するのもひとつの手段

　債権者が競売を申し立てた後に、任意売却を提案する方法もあります。不動産の競売の申立てをすると、裁判所は差押えをしてから、その調査を行い、売却基準価額（11、73ページ）を決定します。この売却基準価額が不動産の落札価額の基準になります。

　債務者としては、売却基準価額が決まった後に、任意売却の交渉を始めることもできます。開札期日の前日までは、競売申立人の意思のみで競売の取下げができます。そのため、競売の開始後であっても任意売却をすることができるのです。

　売却基準価額が決まった後に任意売却の交渉をするのは、売却基準価額が競売によって債権者が回収できる金額の基準になるからです。売却基準価額が決まるまで、債権者は、競売によって回収できる見込額がわかりません。競売が開始される前に任意売却の提案をしても、債務者が提示した任意売却価格よりも競売をした方が高く売却できると思えば、債権者は、任意売却を拒否します。

　そのため、売却基準価額が決まり、競売で回収できる見込額がわかれば、債務者としては、売却基準価額よりもある程度高い金額を任意売却価格として提示すれば、債権者が競売を取り下げ、任意売却に応じる可能性が高くなります。

3 住宅ローンを組んでいる場合の任意売却には注意が必要

任意売却をするべきかどうかを慎重に検討する

■ 不動産の価格を調べる

　住宅ローンを組んで購入した自宅やマンションの任意売却を検討する場合は、その価格が現在いくらなのかを知っておく必要があります。たとえば、5年前に5,000万円で購入したマンションが、現在2,500万円になっており、ローン残高が4,000万円あるとします。つまり、マンションの価格よりもローン残高の方が多いということになります。このような場合で、ローン返済に行き詰まっているときは、住宅ローンを払い続けるよりも任意売却をした方が得策であることがわかります。

　また、任意売却に向けて行動する前には、必ず債務額の把握もしておきましょう。正確な債務額を知らなければ、今後の方針を決めることができません。債務額によっては、任意売却により自宅やマンションを失わなくても住宅ローンを返済することができます。債務額を把握するのは簡単です。返還表などで毎月の支払額、利息額、債務残高がわかります。銀行などに連絡してもよいでしょう。

■ 返済方法を見直してもらう

　住宅ローンの返済が困難になれば、直ちに任意売却というわけではありません。まずは銀行などの債権者と話し合ってみるべきでしょう。自分の収入や財産状況を話し、返済方法を見直してもらうのです。この返済方法の見直しをリスケジュールといい、リスケジュールに応じた債権者が、毎月の支払いを減額することもあります。ただ、債務者が返済しなければならない金額は変わらないので、現在はリストラされて無職であるものの、すぐに転職先を見つけることができた場合や、

196

その見込みがある場合など、今をしのげれば何とかなるという状況でしたら、リスケジュールをすることに意味があります。しかし、今後の収入などに変化がない見込みであるようでしたら、リスケジュールではなく任意売却をした方がよいかもしれません。

■ 期限の利益を喪失するまで

　住宅ローンの返済が不可能になり、任意売却をすることを決めた場合は、早めに債権者に対して任意売却を行うことを伝えましょう。

　通常、住宅ローンの支払いの滞納が３か月から６か月程度続くと、銀行などの債権者は「期限の利益の喪失」を通知する書類を送ってきます。期限の利益とは、契約書上で決められた支払日までは、月々の返済額を支払わなくてもよいとする債務者側の利益のことをいいます。ただ、期限の利益は、債権者側にとっては不利益であることから、住宅ローンの契約書には必ず期限の利益の喪失についての特約が設けられています。そのため、債務者が月々の支払いを滞れば、これまで住宅ローンを分割で支払ってきた債務者側の利益は失われ、ローン残額を一括で返済しなければならなくなります。

　なお、保証会社が住宅ローンを保証している場合は、債務者が期限の利益を喪失すると、保証会社が債務者に代わって一括弁済（代位弁済）を行い、保証会社が債務者に対しローン残額の一括返済を請求することになります。そして、一括返済の請求を放置していると、請求を行った債権者や保証会社によって競売の申立てがなされます。競売が申し立てられても、開札期日（入札結果を発表する日）の前日までであれば任意売却ができますが、直前だと債権者から拒否される可能性が高くなります。競売による売却でもかまわないのであれば問題ありませんが、任意売却で親戚に売る（22ページ）ことなどを検討していた場合には、計画を立て直さなければなりません。任意売却を決めたのであれば、早めに債権者との交渉に入りましょう。

4 買受人を探す

好条件で購入してもらえる人を探すことになる

■ 買受人を探す

　抵当不動産の任意売却を行うことについて、すべての利害関係人の同意を得た後、あるいは利害関係人との調整作業と並行して、その買受人を探す必要があります。

　任意売却の場合には、これを主導する人（主に所有者または債権者）で買受けを希望する人を探さなければなりませんから、抵当不動産の所有者（債務者）だけでなく、債権者である銀行やその他の大口債権者なども含めて、各利害関係人がそれぞれの人脈を頼りに買受けを希望する人を探した方が、よい条件で買い受けてくれる人を見つけやすくなるのが一般的です。

　買受人を探すときには、対象となる抵当不動産に向いている人を探した方が効率的です。たとえば、その不動産が工場であれば、同業者から探した方が希望者を見つけやすく、好条件で売却できる可能性が高いでしょう。反対に、抵当不動産が特殊なものであることが原因で買い手がつかなかったり、買い叩かれてしまったりすることも考えられます。このような場合には、建物を取り壊して更地にした上で、広く一般に売却した方が、建物があるよりも好条件で売却できることもあります。ただし、建物の取り壊し費用が余分にかかってしまうため、注意が必要です。

■ 売却予定価格を下げることもある

　買受人の属性によって、売却価格が大きく変わってくる場合があります。通常は、その不動産を欲しいと希望する個人や事業者を買受人

198

とした方が、不動産業者を買受人とするよりも好条件での売却を期待できます。しかし、なかなか買受希望者が見つからず、多少価格を下げてもかまわない場合には、不動産業者に買い受けてもらう方法も検討した方がよいでしょう。

　広く一般的に流通する不動産の場合には、売却予定価格を提示してくる買受希望者が現れるのを待つこともできます。しかし、市場に流通しにくい不動産の場合には、売却予定価格を提示してくれる買受人がいつまでも現れず、ますます売却のタイミングを逸した上に不動産の価値も低下してしまった、ということにもなりかねません。

　このように、売却予定価格を下回る価格でしか買受けの希望がない場合には、売却予定価格にこだわり続けて売却のタイミングを逸してしまうよりも、価格を下げてでも売却してしまった方が、結果的に利害関係人にとってプラスとなることがあるのです。

■ 売却代金の配分方法について検討する

　売却代金の配分方法については、事前に調整しておく必要があります。必要な項目をリストアップし、債権者などの利害関係人の状況を記載するリストを作っておくとよいでしょう。

■ 任意売却にあたっての注意事項 ……………………………………

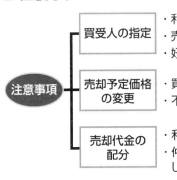

注意事項

買受人の指定
・利害関係人の人脈を有効活用する
・売却不動産の特徴を把握して買受人を探す
・好条件での売却を期待できる買受人を探す

売却予定価格の変更
・買受人が見つからない場合には価格を下げる
・不動産業者に探してもらうのも一つの方法

売却代金の配分
・利害関係人の状況をまとめたリストを作る
・仲介手数料や登記費用をあらかじめ考慮しておく

任意売却にはどんな費用がかかるのでしょうか。

 法律上、任意売却は不動産の売買ですから、不動産の売買の当事者となった時に必要となる費用は発生します。

たとえば、不動産業者に仲介してもらった場合には、仲介手数料がかかります。その他、売買契約書に貼付する印紙代、固定資産税清算金、抵当権の解除料、抵当権の抹消登記手続きの費用、所有権の移転登記手続きの費用も発生します。登記手続きを司法書士に依頼した場合には、司法書士に支払う報酬も必要です。不動産の評価を行う段階では不動産鑑定費用もかかることがあります。

また、不動産がマンションの一室である場合には、管理費や修繕積立金の支払いが必要です。この費用を所有者が支払わずにいた場合、買受人は滞納分も支払う義務が生じます。不動産を賃貸に出していた場合には、賃借人から預かった保証金や敷金を返還する費用も買受人が負担します。売却代金を決定する際は、これらの費用分を差し引くことが多いようです。所有者が破産手続開始の決定を受けている場合で、任意売却によって得た代金の一部を破産財団に組み入れることになっている場合も、その組入分を売却代金から差し引くことがあります。

さらに、古い建物を取り壊すための費用を負担することや、抵当不動産を借り受けている賃借人に対し立退料や引越費用を支払うことが必要となる場合もあります。不動産の管理状況が思わしくなく、ゴミが散乱していたり土壌汚染が進んでいるようなケースでは、不要物の撤去費用の他、土壌汚染の調査費用や不動産の測量費用などがかかることもあります。ただし、仲介手数料、登記手続きの費用、管理費・修繕積立金の滞納分、固定資産税の滞納分、引越費用などについては、売却代金から控除されることがほとんどです。控除される場合は、売主である所有者が現実に負担する必要はありません。

5 売価代金の配分について知っておこう

抵当権の順位と設定額に応じて配分を決めるのが一般的

■利害関係人から見ても妥当といえるものでなければならない

　任意売却を行う際には、事前に利害関係人の全員の同意を得ておく必要があります。その際に、調整が難航しやすいもののひとつとして、売却代金の配分方法があります。

　特に複数の抵当権が設定されている不動産において、その不動産の価値が抵当権で担保されている債権額（被担保債権額）を下回っている場合には、利害関係人の調整も慎重に行う必要があります。こうしたケースでは、後順位の抵当権者が競売を行ったとしても、債権を回収することはできません。そこで、後順位の抵当権者としては、任意売却を行う場合に求められる抵当権の抹消登記手続きに協力する代わりに幾分かの金銭（解除料あるいはハンコ代と呼ばれています）を受け取る、といった内容で任意売却への同意に至るのが通常です。

　このように、すべての利害関係人が任意売却に同意・協力することで、競売では得られない利益を得られるよう、状況に応じてきめ細かい対応を行うことができる点が、任意売却のメリットなのです。

　そして、個々のケースに対応しつつも、利害関係人の全員にとって公平な取扱いとなるようにチェックリストなどを準備して、明確な基準に従って手続きを進めていくことが、任意売却を成功させるポイントだといえます。

■譲歩の額と割合には基準がない

　競売の場合には、配分方法についても法律で定められていますから、この点について揉めることはないといえます。

一方、任意売却の場合には、その手続きについて明確に定める法律の規定がありませんので、競売のように後順位の抵当権者がまったく債権を回収できないような取り決めをすることもできますし、極端な話としては、配当額の決定にあたって先順位の抵当権者よりも後順位の抵当権者を優先的に取り扱うこともできます。

　このように、どのような方法で配分を決めてもかまわないのが任意売却のよいところでもあるのですが、何の基準もないまま話し合いを進めていくと、声の大きい債権者の主張がまかり通るような不条理な状況となるおそれがあります。

　特に競売が行われた場合には債権の回収が絶望的な状況にある後順位の抵当権者が、自身の債権を少しでも多く回収するために、先順位の抵当権者に対して過大な解除料を要求し、これに応じなければ、任意売却に協力しないと主張することもあり得ます。

■ 基本的には抵当権の順位に比例する

　利害関係人の誰かが譲歩の額と割合について、あまりに非常識な要求を行っている場合、最終的には任意売却の交渉自体が不調に終わる可能性が高くなります。任意売却の交渉がまとまらなければ、最終的には競売へと進むことになります。

　もちろん、前述したとおり、任意売却については法律上明確な定めがないことから、売却代金の配分については自由に決めることができるのが原則です。しかし、こうした現実を踏まえ、最終的には競売へと進むことを念頭に入れて、競売における評価基準を参考として任意売却の話を進めていくケースも多いようです。たとえば、複数の抵当権が設定されている抵当不動産を任意売却する場合には、その抵当権の順位と設定額に応じて売却代金を配分するように、交渉が進められることが多いのが実情です。

■ 利害関係人にもいろいろある

　売却代金を利害関係人に配分すると言っても、その利害関係人にもさまざまな立場があります。

　たとえば、債権者の場合、「それぞれが有している債権を回収できるかどうか」という点において、①優先的に弁済を受けられる債権者（上位債権者とします）、②劣後する債権者（下位債権者とします）、③上位とも下位ともいえない立場にある債権者（中間債権者とします）、に分けて考えることができます。

　上位債権者は、競売が行われても任意売却が成立しても、債権を回収できる見込みのある立場にあります。一般的には抵当権の順位が1番目の場合に上位債権者だといえるでしょう。

　下位債権者は、債権者の中でも最も債権回収の見込みのない立場にあります。抵当不動産が競売にかけられた場合には、債権を回収できる見込みがないのはもちろん、任意売却が成立しても、抵当権設定登記の抹消への協力費（解除料またはハンコ代）くらいしか回収できる見込みがありません。

　上位とも下位ともいえない立場にある中間債権者は、他の債権者よりも不安定な立場にあります。抵当不動産が競売にかけられた場合には債権を回収できるかどうか微妙ですが、任意売却が成立した場合には、債権を回収できる見込みがあります。

■ 微妙な立場の人が譲歩する

　任意売却によるか、それとも競売によるか、いずれの方法をとるかによって、債権を回収できるかどうかが大きく影響を受けることになるのは、上記の③に挙げた上位とも下位ともいえない立場にある中間債権者です。

　こうした事情から、売却代金の配分を決める際には、中間債権者は、下位債権者に対して譲歩するのが一般的です。ここでの「譲歩」は、

下位債権者が抵当権設定登記の抹消手続きに協力したことに対するお礼という形で行動に表れます。具体的には、解除料などとして下位債権者に支払われる金銭を、中間債権者が自ら受けるはずであった金銭から支払うことになります。

　ただ、常に中間債権者だけが譲歩をしなければならない、というわけではありません。たとえば、下位債権者の努力によっては見つからなかった買受人が現れたようなケースにおいては、その下位債権者の努力の恩恵を受けるのは中間債権者だけではありません。長い期間売却できずにいた状況から確実に債権を回収できる状況となった、という点においては、上位債権者も恩恵を受けています。このような場合には、上位債権者が譲歩したとしても不合理ではありません。

　このように、どの債権者が下位債権者に譲歩するのか、という問題は、個々のケースによって対応が異なるのが実情です。

■ 売却代金の配分 ………………………………………………………

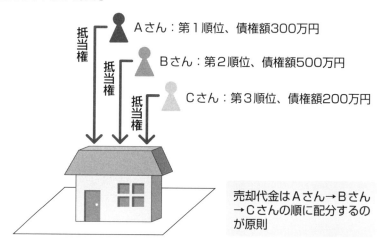

抵当権　Aさん：第1順位、債権額300万円

抵当権　Bさん：第2順位、債権額500万円

抵当権　Cさん：第3順位、債権額200万円

売却代金はAさん→Bさん→Cさんの順に配分するのが原則

6 担保解除料について知っておこう

配当を得られない債権者に対しては解除料を支払って協力を求める

■ 配当を与えることのできない利害関係人への配慮

　任意売却を行う際には、原則として売買代金の受取りと抵当権の解除は同時に行います（214ページ）。代金の受取りと抵当権の解除を同時に行うということは、たとえ配当を得ることのできない劣後債権者（下位債権者）であっても、抵当権の解除に伴う抹消登記の手続きに協力する必要があるということです。そして、下位債権者が協力をしなければ、任意売却は成立しません。

　しかし、競売手続きが始まってしまえば債権をまったく回収する見込みのない立場にある利害関係人の場合、任意売却を行っても配当を得ることは難しいのが実情です。自分は配当を得られないのに「抵当権を解除しなさい」と言われても、協力する気になれないのが人情です。こうした事情から、一般的に配当を受けられない利害関係人に対しては、配当を受ける側の債権者が譲歩することによって解除料が支払われます。この解除料のことを「担保解除料」または「ハンコ代」などと呼んでいます。担保解除料の金額については、どの程度にするのかという決まりや基準は存在しませんが、住宅金融支援機構では、売却代金から控除すべき後順位の抵当権者（劣後債権者）に対する担保解除料として、下記のような目安を設けています。

　具体的には、①第2抵当権者に対しては、30万円または残元金の1割のいずれか低い方を、②第3抵当権者に対しては、20万円または残元金の1割のいずれか低い方を、③第4順位以下の抵当権者に対しては、10万円または残元金のいずれか低い方を、それぞれ担保解除料として売却代金から控除するという目安を設けています。

ただし、これはあくまでも住宅金融支援機構の目安であり、異なった対応がなされることもある点に留意してください。

■ どのように交渉するのか

　数多くの利害関係人がいる場合、劣後債権者の中には貸金業者などが名を連ねていることがあります。そして、任意売却の対象となる不動産に対して仮登記や仮差押登記をしている債権者がいる場合もあります。これらを行っている債権者の中には、高額の担保解除料を要求してくる者がいるかもしれません。しかし、担保解除料をいくらにするかを決める場合の前提として、担保解除料しか得ることのできない立場にある劣後債権者は、そもそも不動産を競売にかけられてしまえば、債権を回収することができない立場にある、ということを忘れないでください。そして、そのことは劣後債権者も十分に承知しています。したがって、劣後債権者に対しては、折り合いがつかなければ競売に切り替える用意があることを知らせながら、常識的な金額の担保解除料で合意に至るように交渉を進めることになります。

　なお、抵当不動産の所有者が破産手続き開始の決定を受けている場合には、破産管財人は、担保権消滅許可制度（237ページ）を利用して、担保権を消滅させることも可能です。不当な要求をしている劣後債権者がいるような場合には、こうした制度を上手に利用しながら、交渉を進めていくことが重要になります。

■ 劣後債権者が抵当権の抹消に同意しない場合

　劣後債権者である後順位の抵当権者が抵当権の抹消に同意しない場合は、任意売却自体が不成立になるおそれがあります。このような場合には、抵当権が付いたまま不動産を先に売却し、買受人である第三者から抵当権者に対し、抵当権を抹消するよう請求してもらう方法が考えられます。これを「抵当権消滅請求」といいます。抵当権消滅請

求は、抵当不動産を取得した第三者（第三取得者）が、代価（不動産を取得した金額）または特に指定した金額（第三取得者自らが抵当不動産を評価した金額）を提供することを申し出て、これを抵当権者が承諾して受領した場合に、抵当権の抹消を認める制度です。具体的な手続きの流れは、以下のとおりです。

まず、第三取得者は抵当権設定登記をしている債権者全員に対し、①抵当不動産を取得した原因（売買など）・年月日、②譲渡人（売主）と第三取得者の氏名・住所、③抵当不動産の性質・所在・代価、④消滅請求を受けた抵当権者が2か月以内に競売を申し立てないときは代価または特に指定した金額を抵当権の順位に従って弁済または供託すること、を記載した内容証明郵便を送付し、かつ、別便で抵当不動産の登記事項証明書を送ります。

次に、書面を受け取った債権者は、第三取得者からの申出を承諾するか、あるいはこれを拒否して、競売手続きを行うかを選択しなければなりません。競売手続きを選択した場合は、書面を受け取った日か

■ 担保解除料の役割 ……………………………………………………………

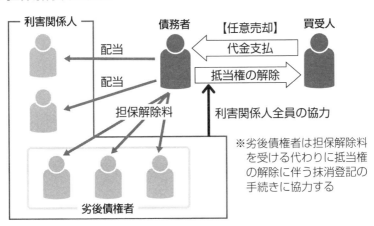

ら2か月以内に競売の申立てを行う必要があります。2か月以内に競売の申立てがなされない場合には、第三取得者からの申出を承諾したものとみなされます。

　最後に、登記された債権者全員が承諾した場合、あるいは2か月以内に競売の申立てがなされない場合には、第三取得者は、申出金を支払うか、または供託をすれば、抵当権消滅請求の効果が生じて抵当権が消滅します。

　なお、抵当権者が2か月以内に競売を申し立てた場合であっても、第三取得者が当然に抵当不動産を失うとは言い切れません。競売手続きには無剰余執行禁止の原則があり、申立債権者に優先する債権の額の合計額を弁済して剰余（余り）を生ずる可能性がない場合には、執行手続きが取り消されます。したがって、後順位の抵当権者のように、競売がなされても配当を得る可能性がない場合には、仮に競売を申し立てても、執行裁判所により申立てが却下されることになりますので、結局のところ、抵当権消滅請求における第三取得者の申出を承諾したのと同様の効果が生ずるといえるでしょう。

■ 不動産の第三取得者と抵当権消滅請求 ……………………………

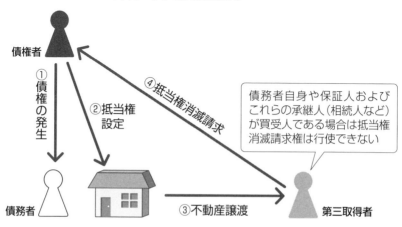

契約書をチェックする

通常の契約書に任意売却の特性に応じた条項を加えておく必要がある

■ 解除条項が置かれているのが通常

　買受人が見つかり、利害関係人からの同意が得られたら、売買契約書（211ページ）を作成します。一般の不動産売買であれば、買主が売買代金の10％〜20％程度の手付を支払います。この手付によって不動産を一時的に押さえておき、契約を解除した場合には、解除をした側が手付の金額に応じた負担をします。しかし、任意売却の場合は、当事者などが集まって取引をする前日になって所有者が行方をくらますなど、通常では考えられない事態が起こって、契約が不成立になってしまうことも起こり得ます。

　このようなリスクを最小限に抑えるために、任意売却の手続きにおいては、権利関係と金銭の移動を１日の中で完結させるようにしています。こうした事情から、実務上、任意売却の場合には、手付の受け渡しが行われないことも少なくありません。

　任意売却の手続きは、その大部分が通常の不動産売買と同じ手続きを経て進みますが、所有者と買受人との売買契約に至る背景と関わる人数は、通常の不動産売買とは異なり複雑なものがほとんどです。通常の不動産売買であれば、大きな問題もなく終了する手続きであっても、利害関係人の意向が変わるだけで、契約そのものが成り立たなくなる危険性があるのです。どんなに準備を整えても、取引当日に抵当権者の１人が抹消登記の手続きへの協力をとりやめてしまえば、契約が不成立になることもあります。

　そこで、任意売却の契約書には、債権者の同意が得られず、対象不動産に設定されている抵当権などの担保権が抹消できない場合に備え

て、無条件で契約を解除できる白紙解約の特約が一般的に設けられています（第10条参照）。

■ 担保責任免除の特約が置かれていることが多い

　任意売却の契約書には、売主の契約不適合責任（担保責任）を免除する特約が置かれることが多いのが特徴です。契約不適合責任とは、主としてシロアリや雨漏りなど売買の目的物である不動産に欠陥（不適合）があった場合に売主が負担する責任です。契約不適合責任の具体的な内容としては、履行追完請求（欠陥の修繕などを求めること）、代金減額請求（売買代金の減額を求めること）、損害賠償請求、契約の解除の4つがあります。しかし、任意売却の場合、売主は住宅ローンの返済のメドがたたず、不動産を手放さざるを得ない状況に追い込まれているのがほとんどです。しかも売却代金はすべて債権者に回収されるため、損害賠償金を支払う資力はありません。そのため、売主の担保責任を免除する特約を契約書に盛り込むことが多いです（第11条参照）。ただし、売主が欠陥（不適合）の存在を知りながら買受人に告げなかった場合には、契約不適合責任免除の特約が適用されず、売主は契約不適合責任を負担します。

　さらに、任意売却の契約書には「現状有姿のまま引き渡す」といった文言が記載されることがあります（第1条参照）。現況有姿とは、契約締結から引渡しまでの間に、補修箇所などが生じて物件に変動があっても、補修などをして契約時の状況に復元する必要はなく、引渡時の状況で引き渡す義務を負うに過ぎないことを意味しています。担保責任の免除特約と同様に、売主の負担を軽減させるためのものだといえます。

　最後に、土地の売買には実測売買と公簿売買の2種類がありますが、任意売却では公簿売買が原則となり、仮に登記簿上に記載された面積と実際の面積との間に差異が生じていても、売買代金を変更できないことを契約書に明記しておきます（第3条参照）。

不動産売買契約書

　売主○○○○（以下「甲」という）と買主○○○○（以下「乙」という）は、後記物件（以下「本物件」という）につき、以下のとおり売買契約（以下「本契約」という）を締結した。

第1条（売買契約）
　甲は、乙に対し、本物件を現状有姿のままで代金○○円で売り渡し、乙はこれを買い受けた。

第2条（代金支払方法）
　乙は、甲に対し、本物件の所有権移転登記申請の手続きと同時に、代金○○円を支払う。

第3条（売買面積）
　本物件の面積は登記簿上の面積によるものとする。登記簿の面積と実測に相違があっても売買代金の増減はしない。

第4条（所有権の移転と引渡し）
1　本物件の所有権は、乙が第2条の代金全額を甲に支払ったとき、甲から乙に移転するものとし、甲はその受領と同時に所有権移転登記申請に必要な書類を乙に引き渡す。
2　甲は、本物件を前項の所有権移転と同時に引き渡すものとする。

第5条（登記費用等の負担）
　本物件の売り渡しに要する契約書等の費用は甲乙折半にて負担し、所有権移転登記申請の費用は乙の負担とする。

第6条（抵当権等の抹消）
　甲は、第4条の所有権移転の時期までに、抵当権等の担保権、賃借権等の用益権、その他乙の所有権の完全な行使を妨げる一切の負

担を除去しなければならない。

第7条（公租公課の負担）

本物件に関する公租公課については、第4条の引渡しの日の前日までの分を甲、引渡し日以降の分を乙が負担とするものとする。

第8条（引渡し前の滅失等）

1　第4条の引渡し前に天災地変、その他甲、乙いずれの責めにも帰することができない事由により、本物件が滅失若しくは損傷したときは、その損失は甲の負担とする。

2　前項のために本契約を締結した目的を達することができないときは、乙は、本契約を解除することができる。

第9条（契約違反による解除）

甲または乙は、相手方が本契約に基づく義務の履行をしないときは、相手方に催告の上、本契約を解除し、違約金として第2条の代金の○パーセント相当額を相手方に請求することができる。ただし、解除者に生じた損害がそれを上回る場合であっても、違約金を超える金額については請求することはできない。

第10条（白紙解約の特約）

本契約は任意売却のため、債権者の同意が得られず、第4条の引渡しの日までに、本物件に設定された抵当権を抹消できなかった場合、本契約は白紙解約とする。

第11条（契約不適合責任免除の特約）

本物件に関して、甲は、乙に対して、民法第562条第1項本文または第565条に規定する場合における契約不適合責任を負わないものとする。

第12条（その他）

甲乙は、本契約に定めがない事項並びに各条項の解釈について疑義が生じた時は、関係法規及び慣習に従い誠意をもって協議解決する。

以上、本契約の成立を証するため、本書を二通作成し、署名捺印
の上、各自一通を保有する。

（不動産の表示）
　＜土地の表示＞
　　　所在　東京都港区××二丁目
　　　地番　３番３
　　　地目　宅地
　　　地積　８８.７８㎡
　＜建物の表示＞
　　　所在　東京都港区××二丁目３番地３
　　　家屋番号　３番３
　　　種類　　居宅
　　　構造　木造瓦葺平屋建
　　　床面積　４０.１２㎡

令和○年○月○日
　　　　　　　　　　甲（売主）東京都○○区××○丁目○番○号
　　　　　　　　　　　　　氏名　　○○○○　　　㊞
　　　　　　　　　　乙（買主）埼玉県○○市××○丁目○番○号
　　　　　　　　　　　　　氏名　　○○○○　　　㊞

■ 取引当日までにすべての必要書類を準備しておく

■ 取引前にどんなことを確認すればよいのか

　任意売却を行うことについてすべての利害関係人の同意を得た後に、取引を行うことになりますが、事前に以下に挙げる事項について同意できているかどうか、確認しておく必要があります。

・今回の取引の対象不動産（抵当権の解除の対象となるため重要）
・対象不動産の売買金額
・対象不動産の代金の入金に関する条件（金額・入金日・入金方法）
・対象不動産の代金の入金を行う者
・担保解除申請書・同意書・承諾書を所有者が準備すること
・対象不動産に根抵当権が設定されている場合、元本の確定や極度額の減額に関する事項
・今回の合意の有効期限

■ 抵当権の解除はいつすればよいのか

　債権者が確実に弁済を受けるためには、不動産の売却代金からの債権回収と、抵当権の解除やそれに伴う抹消登記の手続きを、別々のタイミングで行うのではなく、同時に行う必要があります。

　買受人が抵当権の解除やそれに伴う抹消登記の手続きを先に行うように要請してきたとしても、それを売主である所有者（債務者）は拒絶し、手続きを同時に行うようにと答えるはずです。これは、債権者が弁済を確実に受けるために必要なことだからです。

　ただし、買受人が個人や企業ではなく、地方公共団体である場合には、異なる対応をすることもあります。というのも、たいていの地方

公共団体は、先に抵当権設定登記の抹消を行うように指定しているからです。買受人が地方公共団体である場合には、債権者が弁済を受けられないという心配はありませんが、先に抵当権を解除すると、売却によって得た代金について一般債権者から差押えを受けるおそれがあります。債権者は、これを防ぐため、売却代金に質権（債権質）を設定するといった方法で保全をしておく必要があります。

　したがって、債権者が売却代金を受け取る前に抵当権を解除する場合には、売却代金をどのように保全するか、あらかじめ買受人と債権者の間で合意をし、その内容を書面で残しておくべきでしょう。

■ 任意売却の段取りについて

　任意売却は、売買契約の締結、弁済金（買受人から支払われる代金）の支払いと分配、抵当権設定登記の抹消申請までを同時に行うのが通常ですが、利害関係人が多ければ多いほど、手続きも書類も増えることになります。したがって、任意売却をスムーズに行うためには、事前の準備と調整を念入りに行う必要があります。

　特に利害関係人の全員の同意が得られなければ、そもそも任意売却を成立させることはできませんから、事前に合意した内容に違えるこ

■ 任意売却についての売買契約の締結と抵当権の抹消 ……………

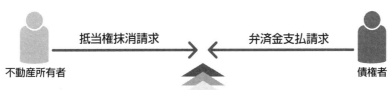

- ・売買契約の締結、弁済金の支払い、抹消登記は同時に行う（同時履行）
- ・契約書や登記事項証明書など、必要な書類をあらかじめ用意しておく
- ・抵当権者は弁済者（不動産所有者）に領収書を発行する

となく手続きを進める必要があります。また、必要な書類がそろって
いるかどうかも必ず確認してください。書類の不備があると、すべて
の手続きをその場で終えることができなくなってしまう場合がありま
すから、注意してください。

　実際に手続きを行う場合には、専門家である司法書士に立ち会って
もらうケースがほとんどですが、たいていの司法書士の事務所は登記
所（法務局）の近くにあります。物理的にも手続きをスムーズに行え
るメリットがあるため、取引の場所自体を司法書士の事務所で行う
ケースもあります。担当する司法書士に、事前に各利害関係人が準備
しなければならない書類を確認しておくとよいでしょう。

■ 弁済金の充当について

　抵当不動産が売却された場合、弁済金をどの被担保債権（抵当権に
よって担保される債権のこと）の弁済に充てるのか、という問題が生
じます。特に複数の被担保債権がある場合に問題となります。「どの
被担保債権の弁済に充てるのか」を決める権限を充当指定権といいま
す。この充当指定権は、別段の取り決めをしていない場合には、原則
として弁済者（抵当不動産の所有者）が有しています。したがって、
任意売却を行う前に、すべての債権者が納得できる順序や方法で弁済
金を充当するとの特約をつけておいた方がよいでしょう。

■ 競売手続き中の任意売却は可能なのか

　競売の手続きが進行中の抵当不動産であっても、その進行度合いに
よっては、競売を取り下げた上で任意売却に切り替えることが可能で
す。ただし、競売手続きにおいて買受申出人が決定した場合には、無
条件で取り下げられるわけではありません。この場合には、買受申出
人の同意を得なければ、競売を取り下げることはできないので、注意
が必要です。

Q 知り合いに保証人になってもらっているのですが、任意売却した場合、後で保証人とトラブルになることもあるのでしょうか。

A 任意売却を行うケースでは、ローンの残債が不動産の時価を上回っている、いわゆるオーバーローン状態であることが殆どですので、ローン会社などの債権者としても任意売却の代金だけでは債権の全額回収に至りません。そこで、残額を保証人に請求することが考えられますが、保証人に返済できる資力がなければ、自己破産等の債務整理を行わなければならなくなり、保証人に多大な迷惑を及ぼす可能性があります。

　他方、保証人に弁済資力があり、債務者に代わって保証人が残額を支払った場合には、保証人が「債権者に代位すること」、具体的には、債権者が債務者に対して持っていた権利を保証人が代位行使することが認められています。

　しかし、すでに債権者が任意売却によって抵当権を解除しているときには、保証人は、その抵当権を代位行使することができなくなってしまいます。これでは、抵当権が設定されていることを頼りとしていた保証人にとって酷な話となります。

　こうした不都合を回避するために、任意売却などに際して債権者が抵当権を解除する場合には、法定代位権者のために担保を保存しなければならない（担保の喪失・減少をさせてはならない）とされています。

　これが債権者の負っている担保保存義務です。この担保保存義務に違反し、債権者が任意売却を行って抵当権を解除したとしても、法定代位権者である保証人は原則として、抵当権の解除（担保の喪失・減少）によって償還（支払い）を受けることができなくなる金額を限度として、債権者に対する責任を免れるとされています。なお、法定代位とは、債務を弁済することについて正当な利益のある者が、債務者

に代わって債務を弁済すること（代位弁済）により債権者に代位することで、保証人や物上保証人が法定代位権者に該当します。

●担保保存義務免除特約とは

　債権者は担保保存義務を負っていますので、任意売却を行って抵当権を解除してしまうと、保証人が免責され、後になって残債権について保証人に全額を請求できない可能性が生じます。

　これを避けるために、金融機関などの債権者は、保証人や物上保証人と保証契約を結ぶ際には、あらかじめ担保保存義務を免除する特約を結んでいます。この担保保存義務免除特約を結んでおけば、任意売却を行うことになっても、金融機関は保証人や物上保証人に対して担保保存義務を負わずにすむのです。

　金融機関は保証人や物上保証人との間で担保保存義務免除特約を結んでいることが多いようですが、任意売却を行う際には、その債務者の保証人や物上保証人に対して、改めて担保解除同意書への署名を求めるのが通常です。こういった手続きを踏んでおけば、後で保証人や物上保証人とトラブルになることもないのですが、債務者としても担保保存義務の関係で問題が生じないか債権者に確認しておく必要があるでしょう。

■ 任意売却と担保保存義務違反の主張 ……………………………

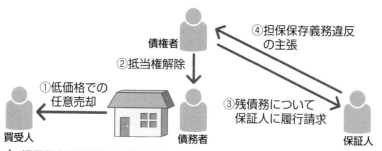

➡ 担保保存義務違反を避けるために、あらかじめ債権者と保証人との間で、担保保存義務違反を免除する旨の特約を結んでいることが多い

第6章

競売や任意売却をめぐる
その他の問題

1 特殊物件について知っておこう

法律上ややこしい権利関係が設定されている物件が特殊物件

■ 特殊物件とは

　特殊物件とは何かを理解するには、まず「特殊」でない「普通」の物件をイメージしてもらう方がわかりやすいでしょう。通常、土地と建物を買えば、それらを自由に使えると考えるのが自然です。実際、多くの不動産物件は、特別な法律上の制約がない限り、自由に使ったり、処分したりすることができます。ところが、世の中にはそうでない物件もあります。

　たとえば、建物を買い受けて自由に使えるかと思ったら、地代は別途地主に支払わなければならないなど、複雑な権利関係が設定されている物件があるということです。このような、法律上ややこしい権利関係が設定されている物件のことを、不動産業界用語で特殊物件と呼んでいます。

■ 買受人にとってどのような意味を持つのかがポイント

　特殊物件のポイントとしては、「買受希望者にとって、それらがどのような意味をもっているのか」という視点で理解していくとよいでしょう。

　つまり、各特殊物件を買うことが買受希望者にとって「損になるのか得になるのか」という点を考えるということです。各物件の購入が損になるか得になるかは、買受希望者の購入目的によります。

　たとえば、土地の買受希望者が、その土地上に建物を建ててそこに住むことではなく、土地を他人に貸して、安定した地代を得るか、または転売して利益を得ることを目的としている場合について考えてみ

ましょう。このようなの場合において、法定地上権（223ページ）が成立する可能性がある土地であれば、安定した地代収入や高値での転売等が十分に見込めることから、買い受けることは「得」になるといえるでしょう（実際このような買い受けを行うのは、大半が不動産業者です）。

　これに対して、買受希望者が土地を購入する目的が、建物を建てて自分が居住するなどの土地の自由利用にあるならば、法定地上権が成立する可能性のある土地を買い受けてしまうと、その土地は自由に利用することができなくなる可能性があることから、買受人にとって「損」となるといえるでしょう。

■ 特殊物件にはどのようなものがあるのか

　代表的な5つの特殊物件について簡単に紹介します。

①　法定地上権つき建物

　抵当権が実行されることによって土地とその土地上の建物の所有者が別人となる場合には、建物の存続のために、法律上当然に、地上権という土地利用権が設定されることになります。これを法定地上権といいます。

■ 代表的な特殊物件 ···

```
                    法定地上権つき建物

  借地権つき建物    特殊物件    使用借権つき建物

          底地              件外物件
```

法定地上権は、①建物と土地の片方または両方に抵当権が設定され、②抵当権設定当時、建物が存在し、③建物と土地が同一所有者のときに、④その片方または両方が競売されて所有者が異なった場合に、建物所有者のために成立します。

　法定地上権については、223ページで解説しています。

② 借地権つき建物

　借地権つき建物とは、買い受ける際に、地代の支払が条件になっている建物のことをいいます。借地権つき建物の購入に際しては、土地賃借権の内容をしっかりと確認することが重要です。詳しくは227ページで説明しています。

③ 底地

　上記①②は「建物」についてですが、底地は、文字通り、土地についての呼称になります。底地というのは、①②のように建物を利用するための権利が設定されている土地のことです。底地を買い受けることが損か得かの判断をするには、①②の物件を正確に理解していることが前提になります。詳しくは230ページで説明しています。

④ 使用借権つき建物

　買受けを検討している物件が使用借権がついた建物である場合は、購入目的を明確に意識しておく必要があります。ただ安いという理由だけで買受けを検討してはいけません。詳しくは232ページで説明しています。

⑤ 件外物件

　件外物件とは、抵当権設定後の土地に、第三者（占有者も含む）が建築物を建てた場合の当該物件をいいます。主に競落妨害目的で築造される不法物件がほとんどです。詳しくは233ページで説明しています。

2 法定地上権について知っておこう

法定地上権とは

土地と建物が同一所有者の場合、抵当権の実行によってその片方または両方が競落されて土地と建物の所有者が別人となった場合に、その建物所有者のために、法定地上権という土地利用権が法律上当然に設定されます。これを法定地上権といいます。法定地上権の成立が建物所有者（建物買受人）にとってどのような意味を持つのか、具体的に見ていきましょう。

建物だけが競落された場合

物件明細書の2には、「売却により成立する法定地上権の概要」と記されています。この欄に、「本件建物のために、地番○○○番の土地につき地上権が成立する」などと記されることがあります。これは、「この建物を買い受けると、あなたに法定地上権という土地利用権が与えられます」という意味です。

日本では、土地と建物は、法律上別個の不動産とされています。ですから、理屈を突き詰めていくと、建物だけを買ったとしても、その下の土地を使うことはできないことになります。

そこで、一般の不動産取引では、建売住宅の場合、土地も買ったものとして、建物の値段に土地価格が上乗せされています。

たとえば、ある不動産が5,000万円で売り出されていれば、建物○千万円、土地○千万円の合わせて5,000万円と価格が設定されているのが普通です。ところが、競売の場合は、建物と土地の両方に抵当権が設定される場合だけとは限らないので、両方を一括して競売（＝売

却）できない場合が出てきます。

　ですから、たとえば、建物だけに抵当権が設定されている場合に建物を競落すると、理屈上、買受人は建物だけを買い受けたことになります。しかし、土地は依然として他人の物のままです。そうなると、建物は買ったが、その土地は使えないというよくわからない事態が起こってしまいます。

　そこで、この場合、建物の買受人にも土地を使えるような手立てを講じていかなければなりません。それが、法定地上権という名の土地利用権です。建物の買受人に、地上権という土地利用権を「法」制度上、当然に認めたというわけです。

　もっとも、この点につき、建物所有者に土地を使わせるのであれば、土地賃借権とどこが違うのかという疑問がわいてくるのではないでしょうか。

　そこで、次に、地上権とはそもそも何か、賃借権とはどこが違うのかについて見ていきます。

地上権と賃借権の違いは

　地上権とは、建物の買受人の立場で言うと、他人の土地を利用できる権利ということになります。

　しかし、それでは賃借権とどこが違うのでしょうか。本書は法律の学術書ではないので制度の立法過程や歴史的背景の説明は割愛しますが、買受人の立場で言うと、大きく以下の2点が異なります。いずれの点も地上権者にとって有利といえるでしょう。

①　買受人は地上権を自由に譲渡（売買）することができます。しかし、賃借権は自由に譲渡することはできません。賃借権の無断譲渡は、賃貸借契約の解除原因になります。その結果、建物の買受人は、せっかく買った建物を取り壊して出て行かなければならなくなる場合もあるのです。

② 賃借物件は、（賃借人が）お金を払って借りるというのが建前です。しかし、地上権の場合は地主との話し合いで、理論上、無償にしてもらうことができます（ただし、地主から地代を請求された場合は、その額が常識的であれば、支払う義務があります）。その場合、地代額の上限は、公租公課（固定資産税と都市計画税）の数倍まで、と考えてよいでしょう。

法定地上権つき建物の価額はどのように設定されるのか

　たとえば、市場価格3,000万円の土地上に2,000万円の建物が建てられているとします。この場合に法定地上権が成立する場合、土地は法定地上権の負担を受けるので、3,000万円から法定地上権の価格（4割減の1,800万円とします）を引いて土地の価格が設定されます。建物の方は、建物の価格2,000万に法定地上権価格（上記1,800万円）を足して価格が設定されます。よって、この場合、法定地上権つき建物の価格は、3,800万円ということになります。

■ 法定地上権 ⋯⋯⋯⋯⋯⋯⋯⋯⋯⋯⋯⋯⋯⋯⋯⋯⋯⋯⋯⋯⋯⋯⋯⋯

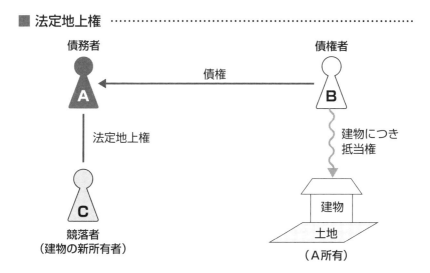

ここからさらに、建付け減価、建物価格の評価減、競売市場修正などを行うと、最終的な売却基準価額は2,200万円〜2,600万円程度になるでしょう。

■ 土地だけが競落された場合

　これまでの説明は、建物に抵当権が設定された場合を前提に述べてきました。しかし、建物と土地の両方もしくは土地だけに抵当権が設定された場合も法定地上権が成立します。

　たとえば、所有者が建物と土地を持っていて、債権者のために、土地と建物または土地だけに抵当権を設定した場合、土地の買受人（競落人）は法定地上権の制限を受けることになります。その代わり、市場価格の4〜6割減の安さで土地を手に入れることができます。

　もっとも、法定地上権の制限を受ける土地ですから、買い受けたところで自由に使えるわけではありません。それでは何のために土地だけを競落するのかということになりますが、地代料（賃料）を請求できるのはもちろん、それ以外にも実はさまざまな用途があるのです。この点の説明は、230ページを参照してください。

■ 法定地上権が成立する競売物件は少ない

　現在の不動産競売市場においては、法定地上権つき建物は実際のところそれほど多くはありません。その理由としては、まず、土地と建物の両方を所有している者に対して、金融機関がそのどちらか一方だけに抵当権を設定するということは、今日ほとんどないというのが現実だからです。

　また、土地と建物の両方に抵当権が設定されて片方を競売した場合にも法定地上権は成立しますが、裁判所の判断で、片方だけの競落を認めない傾向もあるため、法定地上権が成立する物件はそれほど多くないのです。

3 借地権つき建物について知っておこう

3点セットで以前の契約内容や現況を確認しておくこと

■ 借地権つき建物とは

借地権のついた建物が競売により売却されると、建物の借地権も建物の所有権とともに買受人に移転します。ここでは、まず、この建物を競落した買受人の立場がどうなるのかを考えてみましょう。

■ 土地の賃貸借関係はどうなるか

買受人は建物を買い受けても、土地については賃借人の立場にすぎませんので、地主に地代を払っていかなければなりません。その額は、以前の賃借人が支払っていた金額と同じになります。また、賃借期間などの契約条件は、以前の賃貸借関係をそのまま引き継ぐことになります。つまり、以前の土地賃借人が、1か月の地代50万円、契約期間30年の契約条件だとすると、建物買受人にもその条件は当然引き継がれていくというわけです。

ただし、契約期間については、借地借家法によって、期間が満了しても法定更新されますので、建物買受人は土地から出て行く必要はありません。

問題は、以前の賃借人が賃料などを滞納していた場合です。この滞納費も、以前の賃貸借関係を引き継ぐことから、新賃借人である建物買受人が実質的に引き継ぐことになりますので、地主に支払う必要が出てきます。滞納期間が1、2か月ならともかく、1、2年と長期に及ぶと、物件によっては数千万円にも及ぶ可能性があります。

ただし、これだけ長期間滞納していれば、通常は契約の解除原因になりますので、以前の賃貸借関係を引き継いだ建物買受人としては、

建物が引き渡された後で直ちに滞納費を支払う必要があります。買受人に支払能力がない、と地主にみなされてしまうと、直ちに契約が解除されてしまう可能性があります。

■ 土地賃借権を取得できない場合とは

　以上の説明は、建物を競落した買受人が地主の承諾を得て土地賃借権も取得していることを前提としています。この場合、建物買受人（借地人）は、土地の利用を認めることを地主（賃貸人）に承諾してもらうために承諾料（名義書換料）を支払う慣行があります。

　しかし、金銭を支払うからといっても必ず地主に承諾してもらえるとは限りません。地主が承諾しないと、買受人は土地を使うことができませんので、理屈上は建物を買い受けてもそこから出て行かざるをえなくなります。しかし、これでは、建物買受人にとって不都合なので、借地借家法は、賃貸人の承諾が得られない場合でも、裁判所に対して承諾に代わる許可を求めることができるとしています。裁判所への申立ては、建物の代金納付後2か月以内に行わなければなりません。

　裁判になった場合にも先の承諾料を支払う慣行がありますが、その額はだいたい借地権価格の1割前後であるというのが一般的です。

■ 買受人が注意すべき点

　建物買受人は、以前の賃貸借関係をそのまま引き継ぐことになるので、3点セットで契約内容（地代料、滞納の有無など）や現況を確認しておく必要があります。

　また、現地調査では、地主に直接会って契約内容を再度確認すると共に、自分が買受人となった際に、土地利用を承諾してもらえるかどうかも明確にしておく必要があります。

　さらに、建物買受け後に将来土地を買い取る意思が買受人にある場合は、その旨の相談もしてみるとよいでしょう。土地まで購入できる

かどうかは、地主との交渉しだいですので、入札前に探りを入れておく必要があります。

　なお、建物買受人は、土地については賃借人という弱い立場にあるので、賃借権を無断で譲渡（売買）したり、建物を勝手に増改築することはできません。しかし、土地まで買い取ることができれば、それらを自由に使ったり、処分できることはいうまでもありません。

　なお、91ページで3点セットの内容確認についてふれましたが、物件明細書に、「建物収去土地明渡しの訴訟あり」と記載されていることがあります。建物収去土地明渡しというのは、建物を壊して出て行け、という意味です。

　もっとも、この記載だけでは訴訟が終わって判決が出た後なのか、まだ、係争中なのか、具体的な事情がわかりません。

　いずれにせよ、この記載は、「建物買受後は地主からの明渡し請求を覚悟しなさい」という警告文ですので、その中身を十分調査しておく必要があります。借地権つき建物に限らないことですが、3点セット中に内容のはっきりしない記載を見つけたら、まずは所有者に聞いて確認をとっておくことが大切です。

■ 借地権つき建物 ・・

抵当権

買受人

賃貸物件

土地については
賃借人となる

4 底地について知っておこう

底地を買い受けることにメリットがあるかは状況による

■ 底地とは

底地とは、法定地上権や賃借権など、建物を利用する権利が設定されている土地のことです。法定地上権つき建物や借地権つき建物の土地などのことを指し、一般的には、すでに住宅や店舗などの建物が建っている土地である場合が多いです。

このような底地は、建物の所有者が取り壊しの求めに応じることは少なく、転売しにくいものであり、人気がある物件ではありませんが、底地を買い受けることについてどのような意味があるのでしょうか。以下、買受人の立場からメリット・デメリットを説明します。

■ 底地を買い受けるメリット

① 安定した地代（賃料）収入が見込める

底地を買い受けた場合、底地上の建物の所有者に対して建物を撤去するように求めることはできませんが、その代わり、安定した地代（賃料）収入を見込むことができます。ただし、一般に、地代収入はそれほど高額ではありません。

② 建物と違ってメンテナンスに費用も手間もかからない

土地が陥没でもすれば話は別ですが、建物のように、常に管理に気を配っておく必要がないともいえます。この点も買受人にとってはメリットだといえます。

③ 建物所有者に売却して転売益を得ることができる

これは、「売却できれば」という条件つきの話になります。逆に言えば、売却できなければずっと持ち続けることになってしまいます。

230

この点については、状況次第でメリット、デメリットいずれにもなりうると考えられます。

■ 入札前に建物所有者の意思を確認しておく

買受人に、将来もずっと底地を売却する意思がないとしたら、建物所有者との話し合いはそれほど重要ではありません。

しかし、少しでも売却の意思があるなら、入札前に、建物所有者に対して将来土地を買い受ける意思があるかどうかを確認しておくことが大切になります。買受人に建物を買い取る計画がある場合も同様です。あたりまえのことですが、建物所有者の意思を無視して勝手に事を進めていくことはできません。

■ 底地 ・・・

```
地代収入の確保
管理に費用や手間がかからない
転売益を得ることができる
```

```
底地
法定地上権や賃借権などが
設定されている土地
```

5 使用借権つき建物と件外物件について知っておこう

価額が安いのは魅力だがよく検討する必要がある

■ 使用借権つき建物とは

　使用借権つきの建物とは、建物を買い受けた者が無償で土地を借り受けて使用・収益することができるという特殊物件のことです。借地権つき建物との違いが、有償、無償の点だけにあるなら、ここで紙面を割いて説明する必要もないのですが、権利関係について多くの違いがあります。以下、買受人の立場から、この点を説明します。

①　上記のとおり、使用借権つき建物では、土地をタダで使わせてもらうことができます。この点は、建物買受人にとって大きなメリットです。

②　契約期間を定めて借りる場合は、期間満了までその地位は保証されます。しかし、期間も使用目的も定めていない場合は、地主から返還請求があれば、直ちに応じなければなりません。ですから、極端なことを言えば、建物の所有権を取得した翌日に地主から立ち退きを要求されたら、それに従わなければならないということになるのです。

③　借主が死亡すると、その時点で使用借権は終了します。ですから、たとえば、契約者の夫が死亡すると、同居中の妻や子どもの立場は保証されません。地主から直ちに出て行けといわれたら、それに従わなければなりません。しかし、これが借地権つき建物の場合だと、夫が死亡すれば、妻と子どもに借地権が相続されるので出て行く必要はありません。

■ 特に地主との事前協議が重要

　以上のとおり、買受人にとって使用借権つき建物の法的保護は弱い

232

ので、価額もかなり安く設定されているのが一般的です。ですから、とりあえず安い価額で買い受けてから、後に地主から土地を買い取るか、それが無理なら、賃借権に変更するという考え方もできるでしょう。しかし、それもこれも地主が承諾しなければすべて絵に書いた餅となってしまいます。そこで、入札前の現地調査では、他の特殊物件以上に地主との十分な話し合いをしなければなりません。仮に、入札前に地主との話し合いの機会が全く持てない場合には、手を引くのが無難です。

■ 件外物件とは

　件外物件というのは、競売の対象とされていないすべての物件のことです。このような物件で、買受人が特に気をつけなくてはならないのは、土地に抵当権設定後、全くの第三者が築造した物件についてです。全くの第三者とは、設定者（土地所有者や債務者）の意向を受けたプロの占有屋（13ページ）が多いのですが、いずれにせよ、買受人にとってはありがたくない建物である場合がほとんどです。

　件外物件の存在は、物件明細書に、「売却対象外建物あり」「目的外建物あり」と記載されていることで確認することができます。

　ところが、95ページでも述べたように、3点セットが作成されるのは5か月ぐらい前（実際の調査は、それよりもさらに数か月前）なの

■ 使用借権つき建物のポイント ……………………………………

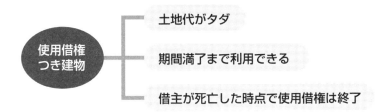

で、入札期間中にわけのわからない建物が建てられることもあります。

物件明細書に、件外物件の存在を窺わせる記載がある土地は、価額が安いのが一般的です。ですから、安く買い受けた後に、建物収去土地明け渡し訴訟を起こすか、または示談交渉して出て行ってもらうという方法をとるのもよいでしょう。

■ **件外物件対策** ……………………………………………………………

②第三者による築造

①抵当権の設定

確認方法
物件明細書の記載を確認

あくまで参考、
物件明細書作成後に
築造の可能性あり

対 策

示談交渉　　一括競売(制限あり)　　建物収去土地
　　　　　　　　　　　　　　　　　明渡し訴訟

234

6 破産管財人の主導による任意売却について知っておこう

破産管財人主導の場合は担保権消滅許可制度の利用も考えられる

■ 破産管財人の主導によって任意売却が行われることがある

　債務者が破産を申し立てた場合、債務者の不動産を換金化するために破産管財人が主導で任意売却を行うことがあります。

　通常、債務者が自己破産を申し立て、破産管財人が選任されると、債務者の財産は、破産財団に組み込まれ、破産管財人にその処分権限が移行します。破産財団とは、債権者への弁済または配当の原資を確保するため競売などで換価処分される財産の総称のことで、破産管財人の職務は、破産財団を増殖（高値で現金化）し、より多くの配当金を生むことにあります。したがって、競売よりも任意売却の方が、高値で売却できると管財人が判断すれば、裁判所の許可を得て、任意売却を行うことになります。このとき、債務者ではなく、管財人が売主となります。

　なお、債務者が自己破産を申し立てた場合であっても、不動産で担保されている債権の残額が、不動産の時価を上回る、いわゆる「オーバーローン物件」の場合には、破産管財人が選任されないか（「同時廃止事件」）、あるいは選任されたとしても管財人が当該不動産を破産財団から放棄した場合には、不動産の処分権限は所有者である債務者に復帰しますので、債務者自身が任意売却を行うことが可能になります。

■ 通常の任意売却との違い

　破産管財人主導で任意売却を行う場合、まず、売却代金の一部を「破産財団組入額」として破産財団に組み入れる必要があります。通常の任意売却では、オーバーローン物件の場合、配当を受けることが

できるのは抵当権などの担保権を設定している債権者に限られます。

　しかし、破産管財人の職務は、破産財団を増殖させ、１円でも多く配当原資を確保することにあります。そこで、任意売却に協力する代わりに売却代金の一部を破産財団に組み入れ、無担保の債権者、あるいは本来であれば配当を受けることのできない後順位抵当権者へ配当するための原資を確保するわけというわけです。この破産財団組入額の相場は一般的には、売却代金の３〜５％程度ですが、管財人によってはそれ以上を要求してくるケースもあります。

　次に、任意売却に同意しない担保権者がいたり、後順位抵当権者などが法外な解除料を要求してくる場合には、破産管財人は裁判所に対し、その不動産に設定されている担保権を消滅させる許可を申し立てることが認められています（237ページ）。

抵当権者と破産管財人の共同による任意売却もある

　では、具体的な手続きの流れを見ていきましょう。

　破産管財人が抵当不動産について任意売却を行う意思がある場合、任意売却の手続きは破産管財人によって進められることになります。ただし、抵当権者が破産管財人と協力して任意売却を進めていくこともできます。そもそも抵当権など担保権を有する債権者は、債務者が自己破産を申し立てた場合であっても、破産手続きとは関係なく自由に権利行使ができる「別除権」が認められています。そのため、破産管財人が選任された場合であっても抵当権を実行して競売にかけることで、優先的に債権を回収できるというわけです。

　ただ、競売は任意売却に比して売却価格が低いことから、管財人によって任意売却された方が抵当権者にとっても好都合であるケースが多く、その場合には、より多く回収できるよう抵当権者が積極的に管財人に協力することもあります。

■ 私的な入札方式が利用されることがある

　破産管財人が主導となる任意売却では、私的な入札方式が利用されることがあります。これは複数の買受希望者を集い、一定期間内に内見をしてもらった上で入札をしてもらい、一番高い金額を入札した買受希望者に売却するという方法です。入札に際しては事前に、最低売却価額や破産財団組入額などについて各債権者の同意を得ておく必要があります。

■ 担保権消滅許可制度を利用した任意売却もある

　破産財団に属している不動産を任意売却する際に、破産債権者一般の利益に適うと判断した場合、破産管財人は裁判所に対して、その不動産に設定されている担保権を消滅させる許可を申し立てることができます。担保権消滅の許可を得た破産管財人は、不動産に設定されている担保権を消滅させることができます。担保権消滅の許可の申立てがあると、すべての担保権者のもとに申立書と対象不動産の売買契約の内容を記した書面が送られます。これに異議がある担保権者は、申立書類が送達された日から1か月以内に、担保権の実行の申立てを行った上で、申立てをしたことを証明する書面を裁判所に提出することができます。つまり、破産管財人が担保権消滅許可制度を利用したからといって、各抵当権者は抵当権を実行できなくなるわけではないのです。異議がある場合には、抵当権を実行し、対象不動産を競売にかけた上で債権の回収を図ることもできます。ただ、競売を行った場合、後順位抵当権者などは債権を全く回収できなくなる可能性があります。少しでも債権を回収したい場合には、自分が希望する金額よりも低い額だったとしても、破産管財人の提案する条件に従って解除料を得た方がよいことになります。

　このように、破産管財人が抵当不動産の任意売却手続きを進める場合には、この担保権消滅の許可を申し立てることも視野に入れて、各

抵当権者と交渉を進めることができます。

　破産管財人による任意売却が順調に進んでいる場合には、担保権消滅許可制度を利用する必要はありませんが、各抵当権者との調整がうまくつかない場合には、この制度を活用する必要があります。

　なお、この制度を利用しなくても、いざとなったら担保権消滅許可の申立てを行う可能性があることを相手に伝えながら交渉を進めることで、抵当権者が過度の要求をすることを牽制することもできます。

　また、破産管財人からの提案に回答をしない抵当権者や抵当権の解除に応じない抵当権者がいて手続きが進まない場合には、実際に申立てを行って手続きを進めることもできます。

■民事再生手続きを利用することもできる

　抵当不動産の所有者が民事再生手続きを利用した場合には、破産手続きとは異なって、手続きのどの段階であっても処分権限は所有者にあります。ただし、民事再生手続きの場合には、裁判所が選出する監督委員の同意を得なければ任意売却を行うことはできません。

　また、抵当不動産の所有者が特別清算手続き（清算中の株式会社に債務超過の疑いがある場合などに申立てを受けた裁判所によって開始される清算手続きのこと）を行っている会社の場合には、所有者自身が不動産の処分権限を保持していますが、任意売却を行う場合には、原則として裁判所の許可が必要になります。裁判所が監督委員に対して同意権を与えている場合には、監督委員の同意があれば、任意売却を行うことも可能です。

■担保がついていない不動産の処分

　個人事業主が事業を廃業する場合や会社を解散させる場合、事業・会社の財産を処分することになります。

　処分の際には、①漏れ落ちがないようにすること、②なるべく高い

値段で処分することが重要です。

　処分する財産としては、不動産、有価証券、自動車、設備などが考えられますが、処分金額が最も大きいと思われるのが不動産です。担保がついている不動産は売却が困難ですが、担保がついていなければ高値での取引も見込めます。登記識別情報（または登記済権利証）、登記事項証明書、公図、固定資産税などの納税通知書といった売却に必要な書類を整え、まず、どの程度の金額で処分できるかを見積もります。土地と建物では事情が異なり、土地は、取得した時期が昔であっても、取得金額よりも高く売れる可能性があります。反対に建物は、年月が経つにつれて価値も減りますので、思ったよりも安い値段でしか売れない場合もあるでしょう。処分先については、土地や建物が会社の名義のものである場合、社長が個人として会社から購入するのも1つの方法です。ただし、不当に安い価格で購入した場合には、高額な贈与税がかかることになるので十分注意する必要があります。

　工場など特殊な用途にしか用いることができない不動産であれば、同業他社に売却することを試みます。

　処分先が見つからない場合は、処分先の選定から物件の査定、売却までを不動産仲介業者に任せることも考えられます。この場合も、なるべく高い値段で売却することだけは、仲介業者に念を押しておく必要があります。また、処分を急ぐときには、不動産業者に直接購入してもらうことも考えます。ただし、この場合は買いたたかれて、仲介より、20～30%程度は安くなるのを覚悟しなければなりません。

7 強制管理による執行について知っておこう

売却するよりも、管理権を奪って賃料から回収を図る

■ 強制管理とは

　不動産に対する執行には、強制競売と強制管理の2つの方法があります。これらの手続きは差押えの段階までは同じですが、その後が違ってきます。

　強制競売は、不動産を差し押さえて換価して、その売却代金を債権者に交付する方法です。また、強制管理は、管理人を選任して不動産を管理させ、そこから上がる賃料などの収益を債務の返済にあてる方法です。

　債権者はどちらかを選ぶことができますし、場合によっては、両方を併用することもできます。仮に併用した場合には、債務者が強制競売によって所有権を失うまでは、強制管理がなされます。債務者が貸しビルなどを所有している場合には、売却するよりも確実に債権を回収できる方法があります。バブルの崩壊以降、不動産価格が下落し、それほど高い値段で売却できなくなっています。

　しかし、その一方で、オフィスや店舗用に賃貸している貸しビルなどでは、定期的に確実に賃料収益があります。そこで、賃貸不動産の管理権を債務者から奪って、賃貸料から債権の回収を図る強制執行が考案されました。これを強制管理といいます。

　強制管理は、強制競売と同様に、債権者からの申立てによって開始されます。申立てがなされ、裁判所の不動産強制管理開始決定が下されると、対象不動産が差し押さえられます。そして、不動産を管理する管理人が選任されます。

　管理人は債務者の占有を解いて自ら不動産を占有することができま

す。この管理人には、信託会社や銀行などの法人もなることができますが、多くの場合、弁護士もしくは執行官が就任しているようです。

　裁判所は、債務者に対して不動産の収益処分を禁止し、給付義務を負う第三者（賃借人）に対しては、以後収益（賃料）を管理人に給付するように命じます。つまり、賃貸物件の所有者である債務者は賃料を得ることができずに、賃借人は管理人に対して賃料を支払うことになるわけです。

　このようにして裁判所の監督の下、管理人が収益を確保し、それを定期的に債権者に配当していくのです。

■ 強制管理の手続きの流れ

　強制管理は、債権者からの申立てによって始まります。申立ては強制管理申立書に必要書類を添付して提出します。強制管理申立書の記載内容は、基本的には、不動産強制競売申立書の記載内容と同様です。申立書本文に加えて、当事者目録、請求債権目録、物件目録を作成、添付するところも同じです。

　また、「不動産の収益を給付すべき第三者」として賃借人の住所（法人の場合は主たる事務所の所在地）・氏名（名称）を記載します。さらに、その第三者が負担している給付義務の内容も記載します。具体的には、1か月あたりの賃料額などを記載することになります。

　ただ、この給付義務の内容は、債務者や賃借人に問い合わせないと債権者が正確に把握することは困難なケースが多く、債権者が強制管理を利用しにくい手続きだといえます。

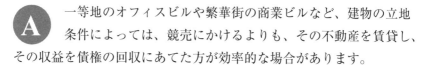

Q 担保不動産収益執行によって回収をはかる場合があるのでしょうか。

A 一等地のオフィスビルや繁華街の商業ビルなど、建物の立地条件によっては、競売にかけるよりも、その不動産を賃貸し、その収益を債権の回収にあてた方が効率的な場合があります。

このような場合に担保権を有する債権者の申立てによって、担保となっている不動産を維持管理しつつ、そこから得られる収益を債権の弁済にあてていくという債権回収方法が認められています。これを担保不動産収益執行といいます。実際には、競売の申立てと同時に収益執行の申立てもして、配当までの間にそこから上がる収益を充当していくという運用がなされています。

担保不動産収益執行は、担保権が設定されている不動産の所在地を管轄する裁判所に申し立てます。申立ては競売の場合と同様に、書面によって行います。申立書の他に、各種目録・添付書類を添えて申立てをします。不動産の賃借人も関係してくるので、その氏名（会社名・代表者名）・住所（主たる事務所の所在地）・賃料額などを記載した「給付義務者及び給付請求権の内容目録」を提出する必要があります。

●留意しておくべきこと

担保不動産収益執行は、担保権が存続している限り継続して機能します。しかし、競売が行われて配当も終了し、担保権が消滅すると、収益執行手続きも終了する運命にあります。また、建物に他の抵当権者がいる場合、他の抵当権者が収益執行を申し立てたからといって、当然にそれ以外の抵当権者にも収益執行による配当がなされるわけではありません。配当を受けるためには、自分自身で収益執行の申立てをする必要があります。

Q 抵当権や根抵当権が設定された不動産が賃貸物件であり賃借人がいる場合、抵当権者・根抵当権者は賃料を差し押さえることができるのでしょうか。

A 　抵当権・根抵当権が設定された不動産が売却や賃貸されたり、滅失や毀損したりすることなどによって、その不動産の所有者が受け取るべき金銭その他の物（売却代金、賃料、保険金、損害賠償金など）に対しても、抵当権・根抵当権の効力が及びます。そのため、抵当権者・根抵当権者はこれらの金銭等の払渡し・引渡しの前に差押えをすることによって、これらの金銭等から優先的に弁済を受けることができます。これを抵当権・根抵当権の物上代位といいます。

　抵当権・根抵当者が抵当権・根抵当権を実行し、不動産をそのまま競売にかけても、買い受ける人がいないこともあり得ます。しかし、その不動産が賃貸不動産であり、賃借人から賃料が支払われる場合には、その賃料を物上代位によって差し押さえて、そこから債権の回収を図るという方法が使えます。物上代位権の行使は、債権差押命令の申立てによって行います。

　このように、抵当権・根抵当権が設定されている不動産が賃貸物件であれば、賃借人が支払うべき賃料については、その支払前に差し押さえることによって、優先的に弁済を受けることができるわけです。債権者からすれば、たとえ競売にかけてもそれほど高値での売却が期待できないときには、競売を申し立てるよりも、物上代位権を行使する方がよいといえます。

8 競売・任意売却のときも原則として税金がかかる

■ どんな税金がかかるのか

通常の不動産売買と同じように、競売や任意売却などで不動産を売却したときも、不動産を購入したときの金額が、売却したときの金額を上回り譲渡益が生じるような譲渡所得が発生する場合には、原則として所得税や住民税がかかります。

ただし、競売や任意売却により譲渡益が生じても、所得税法9条に規定された「強制換価等による譲渡」に該当するときには、その所得は非課税所得にあたり、その分の税金を支払う必要はありません。非課税所得となる条件としては、「資力を喪失して債務を弁済することが著しく困難」「譲渡に係る対価が債務の弁済に充てられた」などがあります。これは、手持ちの資産をすべて手放しても返済しきれないほど多額の債務を抱えており、他に資金調達をする手段もなく、売却代金から費用を差し引いた金額のすべてが債務の弁済に充当されたような場合のことを指します。競売や任意売却が発生する場合は、このような資金がなく債務の弁財などが困難な特別な状況もありうるため、このような強制換価等に該当して税金が発生しない場合が多くあるかもしれません。

課税は所得に対して行われますから、売却代金（譲渡収入）から物件の取得に要した費用（取得費）や、物件の売却のために要した費用（譲渡費用）を差し引いた金額が実際の課税対象になります。税率は、物件の所有期間に応じ、所有期間が5年以下（短期譲渡所得）であれば、税率は所得税と住民税を合わせて39.63％、5年超（長期譲渡所得）であれば、合わせて20.315％となるのが原則です。

以降では、通常の譲渡所得が発生する場合を前提に説明をします。

■ 居住用不動産には3,000万円の特別控除がある

「譲渡収入－（取得費＋譲渡費用）＝譲渡益」の算式で不動産を売却して得た利益（譲渡益）を求め、さらに、譲渡益から租税特別措置法などによる特別控除額を控除した残額が譲渡所得です。

譲渡益については所得税や住民税を納めることが必要ですが、税金を減らすための特別な控除があります。たとえば、居住用の建物（マイホーム）やその建物が建っている土地（敷地）を売却した場合は、譲渡益から3,000万円までが控除されます。したがって、マイホームやその敷地を売却して得た利益が3,000万円以下であれば、譲渡所得がゼロなので税金がかかりません。また、居住用の建物やその敷地の譲渡益が3,000万円以上であっても、物件の所有期間が10年を超えている場合は、3,000万円を超える課税部分に対してかかる税率が軽減されます（居住用財産の軽減税率の特例）。

なお、建物の取得費は、所有期間中の減価償却費相当額を差し引いて計算します。実際の取得費が譲渡価額の5％よりも少ないときは、譲渡価額の5％を取得費とすることができます。譲渡費用とは、売買契約書の印紙代、不動産業者に支払う仲介手数料など、不動産を売却するために支出した費用のことです。

■ 住民税や不動産売買契約書に関する印紙税もかかる

住民税は、特別の定めがあるものを除き、所得税の計算を基礎とし

■ 不動産売却時の税金 ・・

所得税 ➡ 不動産の売却益に対して課税

住民税 ➡ 所得税の増加に応じて課税

印紙税 ➡ 不動産売買契約書の作成時に課税

て計算します。したがって、不動産の譲渡益により所得税額が発生した場合には、住民税も発生することになります。

また、不動産を売却した場合に作成される不動産売買契約書には、売買代金に応じた印紙税を納付しなければなりません。任意売却の際に作成される不動産売買契約書についても同様です。売主・買主双方で契約書を作成し、保存する場合には、それぞれの契約書が課税文書に該当しますので、それぞれの契約書に収入印紙の貼付が必要になります。

なお、平成26年（2014年）4月1日から令和6年（2024年）3月31日までに作成された不動産売買契約書については、印紙税が軽減されます。

■ 長期譲渡所得の計算例

実際に「8年前に購入した不動産の譲渡価額が1億円、不動産の取得費が3,500万円、譲渡費用が200万円」という条件で競売や任意売却をした場合の税額を計算してみましょう。本書では、所得税法9条や居住用財産に関する特別控除や軽減税率の特例の条件には該当しない場合として考えます。税額は「課税長期譲渡所得金額×15%（その他、住民税5%および令和19年までは復興特別所得税として所得税の2.1%）」により計算します。

まず、課税長期譲渡所得金額は、1億円−3,500万円−200万円＝6,300万円となります。次に、税額は、所得税が6,300万円×15%＝945万円（ア）、復興特別所得税が945万円×2.1%＝19万8,450円（イ）、住民税が6,300万円×5%＝315万円（ウ）となります。したがって、税額合計は、ア＋イ＋ウ＝1,279万8,450円となります。

■ 物上保証人と所得税

物上保証人が所有する抵当権が設定された不動産を任意売却した場合、物上保証人は所得税を支払わなければならないのでしょうか。具体例を挙げて見ていきましょう。

債務者Aの債務の担保として、物上保証人Bがその所有する不動産に抵当権を設定しているケースにおいて、債務者Aが債務を弁済できなくなったために、その不動産を任意売却したとします。この場合、売却によって譲渡益が生じていれば、物上保証人Bは所得税を支払わなければならないのが原則です。

　しかし、そもそもAの債務の弁済が不可能な状況となったために抵当不動産を任意売却することになったことを考えると、Bが所得税を負担するのは不合理といえるでしょう。また、Bはあくまで物上保証人であり、本来債務を負担するのはAですから、Bは不動産を失ったとしても、Aに対して求償権（債務者に対して債権者に支払ったお金を返せと請求する権利）を行使できます。ただ、不動産を任意売却せざるを得なくなったことを考えると、Aに求償債務を弁済するほどの資力はないのが通常です。この場合は、Bが、不動産の売却代金をAの債務の弁済に充当しており、かつ、Aに対して求償権を行使しても回収の見込みがないのを証明することなどの条件を満たすことで、Bは所得税を支払わなくてもよいことになっています。ただし、事前に十分確認した方がよいでしょう。

■ 売却した不動産にかかる譲渡税（原則）……………………………

所得期間　短期	所得期間　長期	
5年以下	5年超10年以下	10年超
※3,000万円 　特別控除あり 　税率39.63% 所 得 税　　30% 復興特別 所 得 税　0.63% 住 民 税　　9%	※3,000万円 　特別控除あり 　税率20.315% 所 得 税　　15% 復興特別 所 得 税　0.315% 住 民 税　　5%	※3,000万円特別控除あり 　譲渡所得6,000万円までは 　税率14.21% 　所 得 税　　　　10% 　復興特別所得税　0.21% 　住 民 税　　　　4% 　譲渡所得6,000万円超は 　税率20.315% 　所 得 税　　　　15% 　復興特別所得税 0.315% 　住 民 税　　　　5%

【監修者紹介】

松岡　慶子（まつおか　けいこ）

認定司法書士。大阪府出身。神戸大学発達科学部卒業。専攻は臨床心理学。音楽ライターとして産経新聞やミュージック・マガジン、クロスビート、ＣＤジャーナルなどの音楽専門誌等に執筆経験がある。2013 年 4 月司法書士登録。大阪司法書士会会員、簡裁訴訟代理関係業務認定。大阪市内の司法書士法人で、債務整理、訴訟業務、相続業務に従事した後、2016 年に「はる司法書士事務所」を開設。日々依頼者の方にとって最も利益となる方法を模索し、問題解決向けて全力でサポートしている。

監修書に『図解で早わかり　不動産登記のしくみと手続き』『入門図解 任意売却と債務整理のしくみと手続き』『最新　不動産業界の法務対策』『抵当・保証の法律と担保をめぐるトラブル解決法』『図解　土地・建物の法律と手続き』『最新　内容証明郵便実践文例集 200』『最新　会社役員【取締役・監査役】のための法律常識と手続き　疑問解決マニュアル』『図解で早わかり　商業登記の基本と実務』『ビジネス契約書と請求書・領収書・印鑑・印紙税の実務知識』『図解で早わかり 最新 土地・建物の法律基本と手続きがわかる事典』（いずれも小社刊）などがある。

すぐに役立つ
入門図解　最新
不動産競売・任意売却の法律と手続き

2023年12月30日　第 1 刷発行

監修者	松岡慶子
発行者	前田俊秀
発行所	株式会社三修社
	〒150-0001　東京都渋谷区神宮前2-2-22
	TEL　03-3405-4511　FAX　03-3405-4522
	振替　00190-9-72758
	https://www.sanshusha.co.jp
	編集担当　北村英治・斎藤俊樹
印刷所	萩原印刷株式会社
製本所	牧製本印刷株式会社

©2023 K. Matsuoka Printed in Japan
ISBN978-4-384-04929-9 C2032